Carlsen Klartext **Nachhaltigkeit**

© Joanna Hörig

Marisa Becker war schon immer sehr wissbegierig – kein Wunder, dass sie am liebsten Sachbücher liest. Als freie Journalistin und Content Creator für Social Media wandelt sie das Gelesene stets in kreative Inhalte für ihre Leser*innen und Zuhörer*innen um. Ihr Fokus liegt dabei auf Themen rund um Klimaschutz und Nachhaltigkeit. Ihre Inhalte teilt sie zum Beispiel bei Instagram als @mysustainableme, in ihrem Online-Magazin EKOLOGISKA MAG oder zum Hören im Podcast *Fairquatscht*.[1]

Marisa Becker

Nachhaltigkeit

CARLSEN KLARTEXT

Bisher in der Reihe Carlsen Klartext erschienen:
Demokratie
Extremismus
Feminismus
Klima- und Umweltschutz
Schule – und dann?
Social Media

Wir produzieren nachhaltig
- Klimaneutrales Produkt
- Papiere aus nachhaltigen und kontrollierten Quellen
- Hergestellt in Europa

FSC
www.fsc.org
MIX
Papier | Fördert gute Waldnutzung
FSC® C021394

Originalausgabe
April 2024

Völckersstraße 14–20, 22765 Hamburg
Lektorat: Ellen Kurtz
Faktencheck: Kathrin Lilienthal, Recherchehaus
Umschlagabbildungen: shutterstock © Paket, ilhamsyahfitrah, Huza Studio
Umschlaggestaltung und Innenillustrationen: formlabor
Satz: Dörlemann Satz, Lemförde
ISBN: 978-3-551-32081-0

Inhalt

EINSTIEG: WAS BEDEUTET EIGENTLICH NACHHALTIGKEIT?

Nachhaltigkeit ist in aller Munde: Schulen widmen ihr eine Projektwoche nach der anderen, Politiker*innen setzen sich dafür ein, dass unser Land als Ganzes nachhaltiger wird, und Firmen schreiben fleißig an ihren Nachhaltigkeitsberichten. Jede*r von uns hat anscheinend eine grobe Vorstellung davon, was sich hinter diesem Begriff verbirgt. Aber wofür genau »Nachhaltigkeit« eigentlich steht und dass viel mehr als nur Umweltschutz dazugehört? Das wissen wahrscheinlich die wenigsten. Deshalb wird dieses Buch genau dort starten – nämlich bei der Bedeutung des Begriffs. Schließlich sollten wir wissen, wovon wir sprechen, wenn wir beginnen, uns über Nachhaltigkeit auszutauschen.

Als ich vor einigen Jahren das erste Mal für einen Vortrag zum Thema »Nachhaltig leben« angefragt wurde, saß ich wie heute vor einem unbeschriebenen Blatt Papier und habe mir viele Gedanken dazu gemacht, wie ich meinen Vortrag am besten beginnen sollte. Damals schrieb ich schon einige Zeit in unterschiedlichen Medien über nachhaltige Ansätze in der Wirtschaft und hatte meinen Alltag ziemlich umgekrempelt, um selbst nachhaltiger zu leben. Aber ich hatte mich tatsächlich noch nie mit der genauen Bedeutung dieses Begriffs auseinandergesetzt. Ich verstand Nachhaltigkeit damals als eine Art Prinzip, nach dem man so leben sollte, dass die Umwelt möglichst keinen Schaden nimmt, sondern erhalten bleibt. Da ich mich für den Einstieg in meinen Vortrag aber nicht allein auf mein Bauchgefühl verlassen wollte, schlug ich im guten alten Duden nach, was Nachhaltigkeit eigentlich wirklich bedeutet. Und siehe da: Mein Gefühl lag gar nicht so weit von dem entfernt, was mir dort als Definition präsentiert wurde. Laut Duden bezeichnet Nachhaltigkeit entweder eine »längere Zeit anhaltende Wirkung«, »ein forstwirtschaftliches Prinzip, nach dem nicht mehr Holz gefällt werden darf, als jeweils nachwachsen kann« und auch ein »Prinzip, nach dem nicht mehr verbraucht werden darf, als jeweils nachwachsen, sich regenerieren, künftig wieder bereitgestellt werden kann«.[1] Was diese drei Ansätze, Nachhaltigkeit zu definieren, gemeinsam haben, das ist die Langfristigkeit, die in ihnen steckt. Es geht bei Nachhaltigkeit also darum, möglichst vorausschauend zu handeln und dabei einen bestimmten Zustand aufrechtzuerhalten. Im Prinzip bedeutet nachhaltig agieren, ein gutes Ressourcen-Management zu betreiben – in der Gegenwart und für die Zukunft.

Was sind Ressourcen?

Mit Ressourcen sind alle Materialien gemeint, die in der Natur vorkommen und vom Menschen zum Beispiel für seine Ernährung oder um Energie zu produzieren, genutzt werden.[2]

Dimensionen von Nachhaltigkeit

Nachhaltigkeit ist ein ganzheitliches Konzept. Das heißt, man kann nicht nur isoliert und für sich die ökologische Komponente betrachten, sondern muss das große Ganze sehen – auch, wenn Nachhaltigkeit im alltäglichen Miteinander wohl in erster Linie mit Umweltschutz in Verbindung gebracht wird.

Damit eine Gesellschaft langfristig funktionieren kann, müssen aber neben den ökologischen Ressourcen auch die sozialen und ökonomischen Ressourcen erhalten und somit Umwelt, Gesellschaft und Wirtschaft in Balance gebracht werden. Man unterscheidet dabei zwischen drei Dimensionen der Nachhaltigkeit: Ökologie, Ökonomie und Soziales.[3,4]

Ökologische Dimension von Nachhaltigkeit

Die ökologische Nachhaltigkeit bezeichnet das, was wohl die meisten von uns im Kopf haben, wenn sie darüber nachdenken, was Nachhaltigkeit bedeutet: einen vorausschauenden Umgang mit unserer Umwelt bzw. unserem ökologischen Kapital.

Ökonomische Dimension von Nachhaltigkeit

Die ökonomische Nachhaltigkeit verlangt nach einem Wirtschaftssystem, das langfristig innerhalb der ökologischen Grenzen bestehen kann. Für künftige Generationen muss ein System hinterlassen werden, das auf ausreichend Ressourcen zurückgreifen und gleichzeitig für Wohlstand sorgen kann.

Soziale Dimension von Nachhaltigkeit

Die soziale Nachhaltigkeit bezieht sich auf das Humankapital einer Gesellschaft, also auf die Menschen, die in ihr leben und arbeiten. Sie verlangt danach, ein möglichst gutes Leben für möglichst viele Menschen zu ermöglichen. Wie können wir in Frieden leben? Und wie können wir Menschen in sichere Arbeitsverhältnisse bringen? Welche Freiheiten genießen sie? Und wie schaffen wir es, Menschen aufzufangen? Das alles sind Fragen, denen sich die soziale Dimension von Nachhaltigkeit widmet.

Die 17 Ziele für nachhaltige Entwicklung

Besonders deutlich werden die drei Dimensionen der Nachhaltigkeit, wenn man sich die 17 Ziele für nachhaltige Entwicklung der Vereinten Nationen ansieht.[5,6] 2015 haben sich 193 Staaten im Rahmen der Agenda 2030 dazu verpflichtet, allen Menschen bis zum Jahr 2030 ein Leben in Würde zu sichern, indem sie dazu beitragen, diese 17 Ziele zu erreichen[7] – denn genau darauf zielt nachhaltige Entwicklung ab. Zu den Zielen gehört zum Beispiel das Beenden der Armut, die Förderung von Gesundheit und Wohlergehen für alle, der Zugang zu bezahlbarer und sauberer Energie oder auch der Abbau von Ungleichheiten innerhalb und zwischen den Ländern.

Nachhaltigkeitsmodelle

Wenn man versucht, die drei Dimensionen der Nachhaltigkeit in einem Modell anzuordnen, stellt man fest, dass es verschiedene Möglichkeiten zur Gewichtung der einzelnen Dimensionen gibt. Darüber, welches Modell das richtige ist, gibt es ganz unterschiedliche Meinungen.

Das Drei-Säulen-Modell

Beim Drei-Säulen-Modell[8] sind Ökologie, Ökonomie und Soziales gleich wichtige Säulen, die die Nachhaltigkeit tragen. Dieses Modell wird insbesondere von Vertreter*innen der Wirtschaft gerne herangezogen, denn durch die gleiche Gewichtung der Säulen stehen unternehmerische Interessen gleichberechtigt neben dem Schutz der natürlichen Ressourcen.[9] Das kann es aus Sicht der Wirtschaft rechtfertigen, Kompromisse in Sachen Umweltschutz einzugehen, wenn das dem finanziellen Erfolg eines Projektes dient. Kritisiert wird an diesem Modell, dass ihm zufolge bereits zwei Säulen reichen würden, um das Dach der Nachhaltigkeit zu tragen.[10] Das widerspricht dem Gedanken, dass Nachhaltigkeit drei Dimensionen hat, die nicht getrennt voneinander betrachtet werden können.

Das Nachhaltigkeitsdreieck

Das Nachhaltigkeitsdreieck zeichnet sich dadurch aus, dass es gleichseitig ist und damit ebenfalls die gleiche Gewichtung der einzelnen Dimensionen betont. Im Gegensatz zum Drei-Säulen-Modell wäre es hier aber nicht möglich, eine Dimension außen vor zu lassen, weil dann das Dreieck kein Dreieck mehr wäre. Das Modell legt den Fokus auf die Abhängigkeit der einzelnen Dimensionen voneinander.[11]

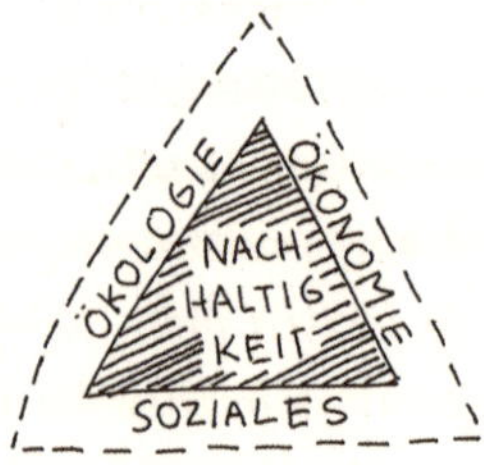

Das integrative Modell

Das integrative Nachhaltigkeitsmodell versucht, die Wechselwirkungen zwischen den einzelnen Dimensionen von Nachhaltigkeit noch sichtbarer zu machen. Aus diesem Grund besteht es aus drei Kreisen, die sich überschneiden.

So wird ausgedrückt, dass die Dimensionen sich gegenseitig beeinflussen. In der Mitte, wo alle drei Kreise bzw. Dimensionen zusammenkommen, kann dem Modell zufolge nachhaltige Entwicklung stattfinden.[12,13]

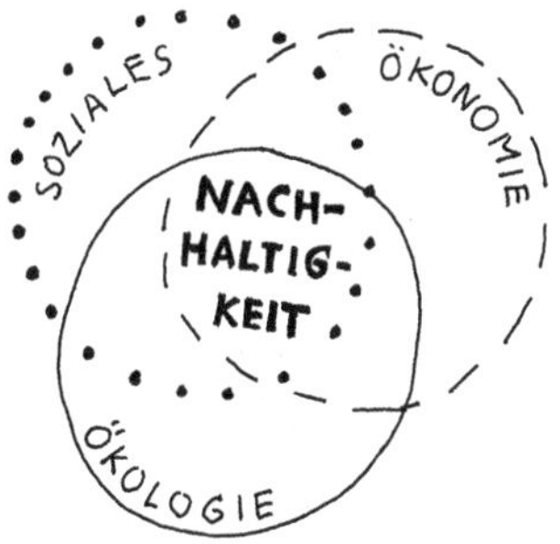

Das Vorrangmodell

Anders als die bisher vorgestellten Modelle sieht das Vorrangmodell die drei Dimensionen der Nachhaltigkeit nicht als gleichwertig an. Hier gilt: Die ökologische Nachhaltigkeit steht über der sozialen Nachhaltigkeit und diese wiederum über der ökonomischen Nachhaltigkeit. Diesem Modell zufolge wäre es also nicht nachhaltig, wenn man zugunsten der ökonomischen oder sozialen Nachhaltigkeit beispielsweise Teile der Umwelt zerstört.

Ein Beispiel: Wenn ein intaktes Stück Wald gerodet werden würde, um dort einen Spielplatz zu bauen, wäre das den oben beschriebenen Modellen zufolge in Ordnung, weil dadurch die soziale Nachhaltigkeit auf Kosten der ökologischen Nachhaltigkeit gestärkt werden würde.

Aus Sicht des Vorrangmodells ist das aber der falsche Ansatz. Dahinter steckt die Überzeugung, dass ohne eine intakte Umwelt keine soziale bzw. wirtschaftliche Stabilität möglich sein kann. Der nachhaltige Umgang mit ökologischen Ressourcen bildet hier also den Rahmen, in dem soziale bzw. wirtschaftliche Ziele verfolgt werden können.[14]

Welches Nachhaltigkeitsmodell sagt dir am meisten zu und warum?

Ganz egal, welches Modell am besten zu deinen eigenen Überzeugungen passt: Es sollte klar geworden sein, dass Nachhaltigkeit viel mehr als nur eine ökologische Dimension beinhaltet. Für eine ganzheitliche nachhaltige Entwicklung müssen auch die soziale und die ökonomische Dimension mitgedacht werden. Und zwar unabhängig davon, ob wir uns für die nachhaltige Entwicklung eines einzelnen Akteurs, wie beispielsweise eines Unternehmens, interessieren, auf Länderebene oder sogar global denken.

Definition von Nachhaltigkeit

(Substantiv, feminin): ein Handlungsprinzip, nach dem Entscheidungen in der Gegenwart so getroffen werden, dass wir unsere Bedürfnisse befriedigen, ohne die Möglichkeiten zukünftiger Generationen einzuschränken. Im Kern geht es dabei um das Management von Ressourcen, und zwar finanzieller, ökologischer und sozialer Art.[15]

Strategien, um Nachhaltigkeit zu erreichen

Nachhaltigkeit als smarter und vorausschauender Umgang mit unseren Ressourcen – was erst einmal einleuchtend und machbar klingt, ist in Wirklichkeit eine echte Mammutaufgabe. Denn die Weltbevölkerung wächst, und das schon seit Jahren: 1950 lebten rund 2,5 Milliarden Menschen auf dieser Welt. Laut UN haben wir im November 2022 bereits die 8-Milliarden-Marke geknackt[16] und die Anzahl der Erdbewohner*innen damit in nur rund 70 Jahren mehr als verdreifacht. Bis 2100 erwarten die Vereinten Nationen ein Bevölkerungswachstum auf 10,4 Milliarden Menschen.[17] Und jeder dieser Menschen verbraucht im Laufe seines Lebens Ressourcen: für Kleidung, Unterkunft, Elektrizität, Nahrung, Mobilität und Freizeit. Mit einer wachsenden Weltbevölkerung geht also auch ein steigender Bedarf an Ressourcen einher, den es nachhaltig zu decken gilt.

Bisher klappt das leider nicht so gut. Besonders deutlich wird das am sogenannten Erdüberlastungstag, dem Earth Overshoot Day, der in Teil 1 des Buches noch mal genauer erklärt wird. Kurz gesagt gibt der Erdüberlastungstag an, an welchem Tag des Jahres die Menschen sämtliche Ressourcen der Erde verbraucht haben, die eigentlich für ein ganzes Jahr reichen sollten. 1971 lag dieser Tag noch im Dezember, die Menschen sind damals also ziemlich nachhaltig mit den Ressourcen der Erde umgegangen.[18] Im Jahr 2022 fiel der Erdüberlastungstag bereits auf den 28. Juli. Ab diesem Zeitpunkt nutzen wir mehr Ressourcen, als bis Ende des Jahres wieder nachwachsen können, was langfristig zu einer Überlastung des Systems führt. Schon heute bräuchten wir 1,75 Erden[19], um unseren Bedarf an Ressourcen zu decken.[20] Die haben wir aber nicht, weshalb wir als Weltgemeinschaft vor der Herausforderung stehen, neue Strategien zu entwickeln, wie wir nachhaltig mit den uns zur Verfügung stehenden Ressourcen die Bedürfnisse möglichst aller Menschen erfüllen können. Denn im Moment nutzen wir nicht nur mehr Ressourcen, als wir eigentlich haben, sondern verteilen sie auch ziemlich ungerecht: Während einige Menschen in Wohlstand schwelgen und überzählige Lebensmittel wegschmeißen, leben andere in bitterer Armut und leiden Hunger. Dabei würden die weltweit produzierten Lebensmittel ausreichen, um alle Menschen satt zu kriegen.[21] Auch hier muss sich also etwas ändern, denn Nachhaltigkeit beinhaltet eben auch eine soziale Dimension.

Wie kann eine solche Strategie also aussehen? Dazu haben sich schon viele Menschen Gedanken gemacht. Im Ergebnis sind dabei im Kern drei Ansätze herausgekommen, auf die immer wieder verwiesen wird, wenn es darum geht, eine nachhaltige Entwicklung voranzutreiben: Effizienz, Suffizienz und Konsistenz.

Effizienz: Besser produzieren

Effizienz ist wohl die bekannteste der drei Strategien. Hier geht es darum, das Maximum aus den vorhandenen Ressourcen herauszuholen. Du kennst das vielleicht aus deinem Alltag: Wenn du zum Beispiel nur wenig Zeit hast, um dich zwischen Schule und Training auf eine Klausur vorzubereiten und außerdem eigentlich noch im Haushalt helfen sollst, dann hilft es dir womöglich, die Zeit effizienter zu nutzen, indem du während der Gassi-Runde mit dem Hund einen Podcast zum Thema der kommenden Klausur hörst.

Ein nachhaltiges Beispiel für mehr Effizienz ist die LED-Birne. Diese ist im Vergleich zur Glühbirne sehr effizient, das bedeutet, dass sie mit der gleichen Menge Strom längere Zeit leuchten kann. Oder anders gesagt: Für eine Stunde Brenndauer verbraucht die LED-Birne weniger Strom als die Glühbirne.

Die Effizienz-Strategie ist vor allem bei Unternehmen sehr beliebt, weil der geringere Energie- und Ressourceneinsatz in der Regel auch eine Kostenersparnis bedeutet. Dadurch können Unternehmen ihre Produkte im besten Fall günstiger anbieten. Allerdings kann sich das wiederum negativ auf die Ressourcenersparnis insgesamt auswirken – und zwar dann, wenn durch den niedrigeren Preis insgesamt mehr gekauft und konsumiert wird. Man spricht dann vom sogenannten Rebound-Effekt.[22]

Ein Beispiel: Technische Innovationen haben dafür gesorgt, dass wir Kleidung so günstig wie nie produzieren und kaufen können. Das ist aus Sicht der Unternehmen besonders effizient. Fakt ist aber auch, dass Mode durch die günstigen Preise und das Fast-Fashion-Segment insgesamt inzwischen zum Wegwerf-Artikel geworden ist. Wir alle haben viel zu viel Kleidung im Schrank: In Deutschland gibt es einer Greenpeace-Studie von 2015 zufolge rund 2 Milliarden praktisch ungetragene Kleidungsstücke.[23] Das haben die Forscher*innen durch eine Befragung unter 1.011 Personen zwischen 18 und 69 Jahren ermittelt. Die Ressourcen, die in deren Produktion geflossen sind, sind damit quasi verpufft. Die ursprüngliche Ressourcenersparnis durch die effizienteren Produkte dürfte dadurch wieder aufgehoben sein.

Suffizienz: Weniger produzieren

Die Suffizienz fragt danach, wie wir insgesamt weniger Ressourcen verbrauchen können. Im Kern geht es bei Suffizienz darum, die eigenen Bedürfnisse zu hinterfragen und im Zweifelsfall auch Verzicht zu üben.

Ein Beispiel: Es ist ziemlich ressourcenaufwendig, ein Auto zu produzieren und damit zu fahren. Außerdem wird es in der Regel nur eine kurze Zeit pro Tag überhaupt bewegt und nimmt ansonsten bloß Platz weg. Daher wäre es suffizient zu hinterfragen, ob wirklich jeder Haushalt ein eigenes Fahrzeug braucht oder ob besonders in Städten ein Sharing-Modell nicht sinnvoller wäre. So würden insgesamt weniger Autos produziert und damit der Ressourcenverbrauch verringert. Inzwischen gibt es vor allem in Großstädten viele Anbieter für »Teilen statt besitzen«-Konzepte. Auch Repair-Cafés sind ein suffizienter Ansatz für mehr Nachhaltigkeit, da man durch das Reparieren von Dingen die Ressourcen eines Neukaufs einspart.

Diese Strategie wird vor allem für Menschen, die wie wir in den Industrienationen leben, in Zukunft eine besondere Rolle spielen. Denn wie bereits im Zusammenhang mit dem Erdüberlastungstag erwähnt, ist unser Lebensstil sehr ressourcenintensiv im Vergleich zu jemandem, der beispielsweise in Nepal lebt.[24]

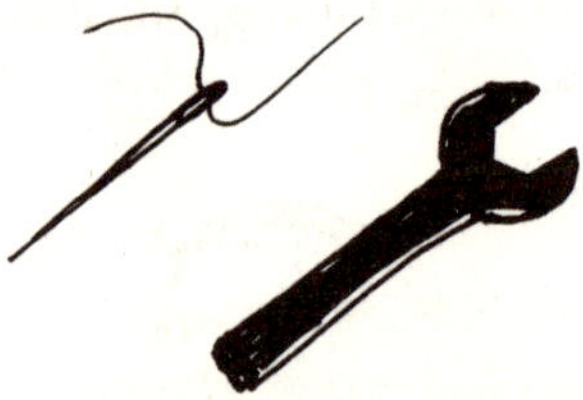

Konsistenz: Anders produzieren

Bei Konsistenz geht es darum, die Herstellung und den Verbrauch von Produkten nachhaltiger zu gestalten. Das bedeutet zum Beispiel, dass man auf erneuerbare Energien für den Betrieb von Fabriken umsattelt oder Verpackungen so produziert, dass sie biologisch abbaubar oder recycelbar sind. Ein wichtiger Ansatz, um unsere Wirtschaft insgesamt konsistenter zu machen, ist die Kreislaufwirtschaft.

Momentan kann unsere Wirtschaftsweise als linear beschrieben werden: Wir kaufen etwas, verbrauchen es und werfen es weg. Das Ziel der Kreislaufwirtschaft ist es, Rohstoffe und Ressourcen möglichst lange im Kreislauf zu halten, bevor sie entsorgt oder deponiert werden müssen. Anstatt ein Kleidungsstück aus Polyester zu entsorgen, wenn es einem nicht mehr gefällt, würde man in der Kreislaufwirtschaft versuchen, das Stück weiterzugeben (»Reuse«), es im Zweifelsfall zu reparieren (»Repair«) oder zumindest das Material zu retten, indem man es aufbereitet (»Recycle«).[25]

Bisher wurde in den Industrienationen vor allem auf Effizienz und Konsistenz als Strategie für mehr Nachhaltigkeit gesetzt. Um die Ziele der nachhaltigen Entwicklung zu erreichen, ist es aber notwendig, alle drei Strategien miteinander zu kombinieren.[26]

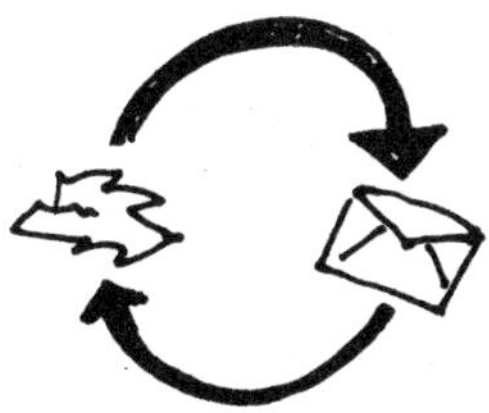

TEIL 1: WARUM WIR UNS GEDANKEN ÜBER NACHHALTIGKEIT MACHEN SOLLTEN

Jetzt fragst du dich vielleicht, warum Nachhaltigkeit heute eigentlich ein so viel diskutiertes und wichtiges Thema geworden ist und warum wir uns darüber Gedanken machen sollten. Genau das will ich dir in diesem Teil des Buches erklären. Erinnere dich dafür an die Definition von Nachhaltigkeit zurück: Nachhaltigkeit ist demzufolge ein Handlungsprinzip, nach dem Entscheidungen in der Gegenwart so getroffen werden, dass wir unsere Bedürfnisse befriedigen, ohne die Möglichkeiten zukünftiger Generationen einzuschränken.

Jetzt stehen wir als Menschheit vor zwei zentralen Problemen: Das erste Problem ist, dass schon heute nicht die Grundbedürfnisse aller Menschen befriedigt werden können. Viele Menschen hungern, haben keinen Zugang zu sauberem Trinkwasser, sind auf der Flucht oder leben aus anderen Gründen ein Leben in Unsicherheit. Das zweite Problem ist, dass sich diese Lage in Zukunft vor allem durch den menschengemachten Klimawandel verschärfen wird. Die Möglichkeiten zukünftiger Generationen sind also gefährdet. Als Menschheit stehen wir damit vor der Mammutaufgabe, nachhaltige Entwicklung voranzutreiben, während wir gegen die größte Bedrohung unserer eigenen Lebensgrundlage, den Klimawandel, ankämpfen. Das Mittel, um beide Probleme zu lösen, ist Nachhaltigkeit. Deshalb ist es so wichtig, dass wir uns mit ihr befassen.

Das Klima wandelt sich, und das hat Folgen

Seriöse Wissenschaftler*innen sind sich inzwischen einig, dass es den Klimawandel gibt und dass er menschengemacht ist. Das heißt, dass es allein uns Menschen zu verdanken ist, dass die Erde heute um 1,2 Grad Celsius wärmer ist als vor Beginn der Industrialisierung.[1] Die Zeit vor der Industrialisierung wird als Vergleichswert genutzt, weil die Menschheit damals ziemlich ressourcenschonend unterwegs war und noch nicht in Massen CO_2 und andere Treibhausgase emittiert hat. Ab circa 1800 haben wir Menschen dann wegen der neuen technischen Möglichkeiten die Verbrennung von Kohle, Gas und Öl, die Abholzung der Wälder und auch die Massentierhaltung enorm ausgeweitet und dadurch immer mehr Treibhausgase in die Atmosphäre ausgestoßen.[2] Und weil Treibhausgase dazu führen, dass die Erde sich erwärmt, wurde so der Klimawandel in Gang gesetzt.

Wie sorgen Treibhausgase dafür, dass die Erde sich erwärmt?
Der natürliche Treibhauseffekt ist der Grund dafür, dass wir Menschen überhaupt auf der Erde überleben

können, denn sonst wäre es auf unserem Planeten viel zu kalt. Der Treibhauseffekt beschreibt die Wirkung von Treibhausgasen in der Atmosphäre. Dazu zählen zum Beispiel Kohlenstoffdioxid, also CO_2, oder Methan. Unsere Erde wird durch die Sonne erwärmt, indem die Sonnenstrahlung auf der Erdoberfläche in Wärmestrahlen umgewandelt wird. Einen Teil dieser Strahlung nimmt die Erde als Wärme auf, ein anderer Teil wird in Richtung Weltraum abgestrahlt. Die natürlichen Treibhausgase in der Atmosphäre wirken allerdings wie ein Spiegel und sorgen so dafür, dass ein Teil dieser Strahlung wiederum zur Erde geschickt wird. So wird die Erde durch den natürlichen Treibhauseffekt auf eine für uns angenehme Temperatur erwärmt. Durch die Industrialisierung haben die Menschen vermehrt in diesen natürlichen Prozess eingegriffen und zusätzliche Treibhausgase in die Atmosphäre emittiert. Dadurch wird noch mehr Strahlung länger in der Atmosphäre gehalten, was letztlich dafür sorgt, dass die Erde sich aufheizt.[3]

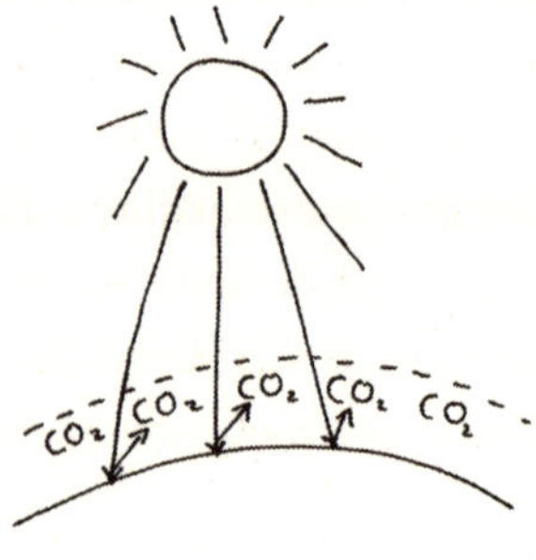

SCHON GEWUSST?

Neben CO_2 (Kohlenstoffdioxid) gibt es noch eine ganze Reihe weiterer Treibhausgase, zum Beispiel Methan oder Lachgas.[4] Alle diese Gase wirken unterschiedlich in der Atmosphäre. So ist Methan kurzfristig zum Beispiel deutlich »schlimmer« als Kohlenstoffdioxid – ein Kilo Methan heizt den Klimawandel also deutlich mehr an als ein Kilo CO_2, weil es noch stärker wie ein Treibhaus wirkt als Kohlenstoffdioxid. Über einen Zeitraum von 20 Jahren betrachtet wirkt Methan rund 83-mal stärker als CO_2.[5] Um die Auswirkungen der einzelnen Gase auf das Klima besser vergleichen zu können, werden sie in CO_2-Äquivalente umgerechnet, abgekürzt CO_2e.[6]

Die CO_2-Konzentration der Atmosphäre ist heute so hoch wie noch nie in den letzten drei Millionen Jahren.[7] Und das hat Folgen. Wie bereits am Anfang des Kapitels geschrieben, hat sich unsere Erde bereits um circa 1,2 Grad Celsius erwärmt.[8] Ich schreibe circa, weil Wissenschaftler*innen bei der Berechnung der bisherigen Erwärmung teilweise zu unterschiedlichen Ergebnissen kommen. Diese Unterschiede bewegen sich in einem Bereich von 1 bis 1,3 Grad Celsius. Das liegt zum Beispiel daran, dass der Beginn der Industrialisierung auf unterschiedliche Jahre datiert wird. Aber egal, wie man es dreht und wendet: Damit sind wir schon ziemlich nahe an den 1,5 Grad Celsius dran, auf die wir die Erderwärmung als Weltgemeinschaft eigentlich begrenzen wollten. Mit dem Pariser Klimaabkommen haben sich im Jahr 2015 nämlich immerhin 195 Staaten der Erde darauf geeinigt, dass es das Ziel sein muss, die globale Erwärmung im Vergleich zur Ausgangstemperatur zu Beginn der Industrialisierung auf deutlich unter 2 Grad Celsius, besser 1,5 Grad Celsius, zu begrenzen.[9, 10]

Leider sind wir als Menschheit gerade dabei, dieses Ziel massiv zu verfehlen. In seinem sechsten Sachstandsbericht schätzt der Weltklimarat IPCC, dass die globale Erwärmung auf Grundlage der aktuellen Minderungspläne im Jahr 2100 etwa 2,1 bis 3,4 Grad Celsius betragen wird.[11, 12] Zwar verweist der IPCC auch darauf, dass es theoretisch noch möglich wäre, das 1,5-Grad-Ziel einzuhalten – allerdings wären dafür eine sofortige Trendwende sowie tiefgreifende Minderungen der Treibhausgasemissionen[13] nötig, die momentan nicht absehbar scheinen.

WAS IST DER WELTKLIMARAT?

Der Weltklimarat IPCC (engl. Intergovernmental Panel on Climate Change) ist eine Institution der Vereinten Nationen. Er wurde 1988 gegründet, um den Klimawandel besser zu verstehen und um Strategien zu entwickeln, wie man ihm und seinen Folgen begegnen kann.[14] Im Auftrag des Weltklimarates arbeiten Fachleute weltweit regelmäßig daran, die neuesten Erkenntnisse rund um den Klimawandel so aufzubereiten, dass sie Politiker*innen dabei helfen können, wissenschaftlich fundierte Entscheidungen in Bezug auf die Klimapolitik zu treffen.[15]

Dabei wäre es enorm wichtig, dieses Ziel einzuhalten. Denn schon die Erwärmung der Erde um 1,5 Grad Celsius im Vergleich zum vorindustriellen Niveau stellt ein Risiko für die Menschheit dar. Wie diese Risiken aussehen, das hat der Weltklimarat 2018 in einem Sonderbericht genauer geschildert.[16]

Die Wissenschaftler*innen kommen zu dem Schluss, dass einzelne Teile der Welt unterschiedlich stark von einer Erderwärmung um 1,5 Grad Celsius betroffen sein werden. So ist die Erderwärmung zum Beispiel auf Kontinenten am stärksten, gefolgt von der Arktis. Das sei vor allem auf selbstverstärkende Mechanismen zurückzuführen, schreiben die Wissenschaftler*innen, wie zum Beispiel darauf, dass die Schnee- und Eisschmelze dafür sorgt, dass weniger Sonnenlicht reflektiert wird. Im Ergebnis wird dann mehr Licht von der Erde absorbiert, also aufgenommen – und das trägt zur Erderwärmung bei. Ein weiterer Grund für die stärkere Erwärmung der Kontinente ist, dass die abnehmende Bodenfeuchtigkeit im Landesinneren der Kontinente eine geringere Verdunstungskühlung zur Folge hat. Durch den Klimawandel treten nämlich verstärkt Dürren auf, welche den Boden austrocknen. Das Risiko für Hitzewellen und Starkniederschläge erhöht sich aber flächendeckend.

SCHON GEWUSST?

Wer im Jahr 1960 geboren ist, dürfte in seinem Leben vier große Hitzewellen miterleben. Ein 2020 geborenes Kind wird selbst bei Einhaltung des 1,5-Grad-Ziels hingegen 18 Hitzewellen erleben.[17, 18]

Grundsätzlich sind die Konsequenzen der Erderwärmung, unabhängig davon, ob sie 1,5 oder 2 Grad Celsius beträgt, gleich. Aber die Intensität und die Häufigkeit der Auswirkungen variieren sehr stark. Zu diesen Auswirkungen zählen Wald- und Flächenbrände, rückläufige Ernteerträge, Eis- und Gletscherschmelzen, der Anstieg des Meeresspiegels, mehr Menschen, die in Armut leben, und eine Veränderung in der Verbreitung von Tier- und Pflanzenarten.[19] Mehr zu den Auswirkungen des Klimawandels erfährst du in den folgenden Kapiteln des Buches.

Klimawandel vs. Klimakrise: Welchen Begriff nutzen wir?

Du hast vielleicht schon festgestellt, dass unterschiedliche Begriffe genutzt werden, um den Klimawandel zu beschreiben: zum Beispiel Klimakrise, Erderwärmung, Klima-Notstand oder auch Erderhitzung. Es gibt dabei kein Richtig und Falsch, alle Begriffe beschreiben grundsätzlich ein und dasselbe Phänomen: nämlich, dass sich unser Klima, verursacht durch den Menschen, extrem schnell verändert und diese Veränderung eine große Bedrohung darstellt. Allerdings sind einige Begriffe (Klimawandel, Erderwärmung, Erderhitzung) neutraler als andere (Klimakrise, Klima-Notstand). Deshalb sind insbesondere Aktivist*innen, aber auch Redaktionen wie die des britischen *The Guardian*, dazu übergegangen, von der Klimakrise oder dem Klima-Notstand zu sprechen. Die neutralen Begriffe würden die Bedrohung, die von dem sich verändernden Klima ausgeht, nicht ausreichend abbilden.[20]

Der WWF Österreich hat in einem Artikel gegenübergestellt, wie groß der Unterschied zwischen einer Erwärmung um 1,5 im Vergleich zu 2 Grad Celsius in der Praxis ausfallen würde.[21]

1,5 Grad Celsius	**2 Grad Celsius**
Bis 2050 wären mindestens 70 Prozent aller Korallenriffe auf der Welt verschwunden	Bis 2050 wären praktisch alle Korallenriffe weltweit komplett verschwunden
Das Risiko für Hochwasser steigt um 100 Prozent	Das Risiko für Hochwasser steigt um 170 Prozent
50 Millionen Menschen im urbanen Raum sind von Dürre und Wasserknappheit bedroht	410 Millionen Menschen im urbanen Raum sind von Dürre und Wasserknappheit bedroht
Alle 100 Jahre ein eisfreier Sommer in der Arktis	Alle 10 Jahre ein eisfreier Sommer in der Arktis

Wie stark die Auswirkungen der Erderwärmung sich letztlich bemerkbar machen, hängt aber den Wissenschaftler*innen des IPCC zufolge nicht nur davon ab, wie groß die Erderwärmung insgesamt ausfällt, sondern auch davon, auf welchem Weg wir sie erreichen. Laut dem Weltklimarat gibt es nämlich unterschiedliche »Pfade«, um das 1,5-Grad-Ziel zu erreichen.

Einer der Hauptpfade beschreibt zum Beispiel den Fall, dass die Temperatur bei oder knapp unter 1,5 Grad Celsius stabilisiert wird. Beim sogenannten »Überschreitungspfad« hingegen wird die 1,5-Grad-Marke zeitweise überschritten, bevor die globale Durchschnittstemperatur sich dann Ende des Jahrhunderts wieder bei 1,5 Grad Celsius einpendelt. Abhängig davon, wie lange und wie stark die 1,5-Grad-Marke überschritten wird, steigt das Risiko dafür, dass sogenannte Kipppunkte erreicht werden.[22]

WAS SIND KIPPPUNKTE IM KLIMASYSTEM?

Kippunkte beschreiben Schwellenwerte, die für Teile des Klimasystems gelten. Wenn diese Schwellen überschritten werden, wird eine Art Kettenreaktion in Gang gesetzt, deren Folgen meist auch dann nicht mehr aufgehalten werden können, wenn die Temperatur langfristig wieder sinkt. Stell dir zum Beispiel eine Kaffeetasse vor, die direkt an der Tischkante steht. Man kann sie Millimeter um Millimeter bewegen, aber wenn sie ihren »Kipppunkt« erreicht hat, dann fällt sie runter und ist in der Regel auch nicht mehr zu reparieren.[23] Ähnlich funktionieren einige Teile unseres Klimasystems.

Ein Beispiel: Der Regenwald des Amazonas gilt als grüne Lunge der Erde, weil hier durch die Bäume viel Sauerstoff produziert wird. Außerdem ist er eine wichtige Kohlenstoffsenke, das heißt, dass in den Bäumen des Amazonas viel CO_2 gebunden wurde. Durch den Klimawandel, aber auch durch illegale Abholzung, wird der Amazonas immer instabiler und entwickelt sich von einer Kohlenstoffsenke zu einer Kohlenstoffquelle. Denn wenn Bäume verrotten, wird das eingelagerte CO_2 wieder freigesetzt.[24] Kippt das System Amazonas, würden im Extremfall rund 80 bis 120 Milliarden Tonnen Kohlenstoff freigesetzt werden, was laut Potsdam Institut für Klimafolgenforschung (kurz: PIK) acht bis zwölf Jahren der heutigen globalen fossilen CO_2-Emissionen entspräche und damit den Klimawandel zusätzlich verstärken würde.[25]

Das Problem ist, dass niemand genau weiß, wo die Kipppunkte der einzelnen Teile des Klimasystems liegen. Wissenschaftler*innen sind sich daher lediglich einig, dass jedes Zehntel Grad Erderwärmung zählt. Denn: Mit zunehmender globaler Durchschnittstemperatur kommen wir den Kipppunkten im System immer näher.[26]

Die biologische Vielfalt ist bedroht

Wenn sich Teile unseres Klimasystems verändern oder gar kippen, dann bleibt das nicht ohne Folgen. Im Gegenteil: Der Klimawandel hat schon heute verheerende Auswirkungen auf die Biodiversität. Mit Biodiversität ist die biologische Vielfalt auf unserem Planeten gemeint. Sie umfasst die verschiedenen Lebensformen (also zum Beispiel die Arten von Tieren und Pflanzen, die es auf der Erde gibt), die unterschiedlichen Lebensräume, in denen sich die Arten bewegen, und die genetische Vielfalt innerhalb der Arten.[27]

Diese drei Säulen der Biodiversität sind im Moment gefährdet: Bis zu eine Million Arten sind vom Aussterben bedroht, viele davon schon in den kommenden Jahrzehnten; das Artensterben schreitet aktuell zehn- bis einhundertmal schneller voran als im Durchschnitt der letzten zehn Millionen Jahre; die Hälfte der lebenden Korallen auf Korallenriffen ist seit den 1870er-Jahren verschwunden; und die weltweite Waldfläche beträgt nur noch 68 Prozent im Vergleich zum vorindustriellen Zeitalter.[28]

Diese Daten stammen aus einem Bericht der Zwischenstaatlichen Plattform für Biodiversität und Ökosystemleistungen[29] (kurz: IPBES[30]), welche auch als Weltbiodiversitätsrat bezeichnet wird und eine Organisation der Vereinten Nationen ist. Der Bericht, der 2019 veröffentlicht wurde, war die erste Bestandsaufnahme und kritische Bewertung des Zustands der Biodiversität, die von einem zwischenstaatlichen Gremium durchgeführt wurde. Ein Gremium ist dabei eine Gruppe von Expert*innen, die gebildet wurde, um eine bestimmte Aufgabe zu erfüllen. Insgesamt wurden mehr als 15 000 wissenschaftliche Publikationen analysiert, um den Bericht zu erstellen und ein genaues Bild vom Status quo, also dem aktuellen Zustand, und den Zusammenhängen zu zeichnen.[31]

WAS IST DER WELTBIODIVERSITÄTSRAT?

Der Weltbiodiversitätsrat ist, ähnlich wie der Weltklimarat, ein UN-Gremium. Diese Gruppe von Expert*innen hat die Aufgabe, die Politik zu Fragen der biologischen Vielfalt und Ökosystemleistungen zu beraten. In dem Gremium arbeiten Expert*innen aus unterschiedlichen Staaten zusammen.[32]

Für die Forscher*innen ist es ziemlich eindeutig, wer die Verantwortung für diese Entwicklungen trägt: nämlich der Mensch. Durch seine Eingriffe in die Natur hat er dazu beigetragen, dass biologische Vielfalt verloren gegangen oder mindestens bedroht ist. Zu diesen Eingriffen zählen die Veränderung der Land- und Meeresnutzung, die direkte Ausbeutung von Organismen, der Klimawandel, Umweltverschmutzung und die Invasion, also das Einschleppen gebietsfremder Arten.

Der Klimawandel gilt dabei als »Verstärker«, denn durch ihn werden die Folgen anderer menschlicher Eingriffe in die Natur weiter verschärft. Ein Beispiel dafür ist das Korallensterben. Schon die Überfischung bestimmter Fischbestände und die Umweltverschmutzung durch den Menschen haben dafür gesorgt, dass Korallen absterben.[33] Durch den Klimawandel wird dieser Prozess noch einmal beschleunigt. Denn der Klimawandel sorgt dafür, dass die Meere durch die Aufnahme des von Menschen ausgestoßenen CO_2s versauern, und der erhöhte pH-Wert im Wasser die kalkhaltigen Schalen der Korallen und damit ihren Schutzmantel angreift.[34]

Auch in anderen Ökosystemen sorgt der Klimawandel als Verstärker dafür, dass diese sich schneller verändern oder gar zerstört werden.

Für die Artenvielfalt stellt der Klimawandel vor allem aus zwei Gründen ein Risiko dar: Einmal läuft er schneller ab, als sich viele Arten genetisch anpassen oder einen neuen Lebensraum finden können. Das ist vor allem für kälteliebende Arten und solche, die unter Trockenstress leiden, ein Problem. Trockenstress wird bei Pflanzen ausgelöst, die nicht ausreichend Wasser bekommen. Als Reaktion auf die Trockenheit schließen Pflanzen dann zum Beispiel ihre Spaltöffnung, damit nicht mehr so viel Wasser verdunstet. Dadurch kann aber auch kein CO_2 aus der Luft in das Blatt hineinströmen und die lebenswichtige Photosynthese wird gehemmt. Trockenstress führt im schlimmsten Fall dazu, dass eine Pflanze abstirbt. Pflanzen, die besonders unter Trockenstress leiden, drohen deshalb auszusterben oder zumindest in einigen Regionen zu verschwinden.[35] Dadurch kann es zweitens dazu kommen, dass die vielfältigen Interaktionen zwischen den Arten aus dem Rhythmus kommen.[36] Wo plötzlich ein natürlicher Fressfeind fehlt, können manche Arten sich ungehindert ausbreiten und andere Arten verdrängen, was zum Teil einen erneuten Eingriff des Menschen nötig macht. Das kann man heute schon bei Neophythen wie dem Japanischen Knöterich beobachten. Neophyten sind Pflanzen, die vom Menschen in Gebiete eingeführt wurden, in denen sie natürlicherweise nicht vorkommen. Der Japanische Knöterich wurde als Zierpflanze nach Europa gebracht und hat hier keine natürlichen Fressfeinde, weshalb er in vielen Teilen des Landes inzwischen riesige Populationen bildet, die zum Teil mit Gift bekämpft werden müssen. Das wiederum wirkt sich auch auf umliegende Arten aus, die als »Kollateralschaden« ebenfalls absterben. Das bedeutet, dass sie zwar nicht gezielt oder absichtlich bekämpft werden, ihr Absterben aber in Kauf genommen wird.[37]

Ein anderes Beispiel wären Waschbären, die ursprünglich aus Nordamerika stammen, sich bei uns aber im Moment sehr stark vermehren – was sich teilweise negativ auf die heimische Tierwelt auswirkt –, weshalb sie bejagt werden.[38]

Klimawandel und Biodiversität hängen also eng zusammen: So sorgt der Klimawandel einerseits dafür, dass die Biodiversität sinkt. Wir brauchen aber auf der anderen Seite biologische Vielfalt und widerstandsfähige Ökosysteme, um dem Klimawandel zu begegnen, denn diese fungieren als natürliche Kohlenstoffdioxidsenken und speichern unter anderem große Mengen an Treibhausgasen.

WAS SIND KOHLENSTOFFSENKEN?

Ein Teil des Kohlenstoffdioxids, das wir Menschen produzieren, kann von der Umwelt aufgenommen werden, zum Beispiel von Wäldern. Man spricht dann von natürlichen CO_2-Senken. Das funktioniert im Fall von Wäldern, weil Bäume Fotosynthese betreiben.[39] In diesem Prozess werden CO_2 und Wasser von den Pflanzen zu Sauerstoff und Glukose verstoffwechselt.[40] Dieser Kohlenstoff ist also sicher gebunden, solange der Baum lebt. Andere natürliche CO_2-Senken sind Moore und die Ozeane.

Aus diesem Grund müssen wir als Weltgemeinschaft etwas an unserem Verhalten ändern, um die Biodiversität zu schützen. Was wir dafür tun können, darüber hat sich der Weltbiodiversitätsrat schon in seinem Bericht von 2019 Gedanken gemacht.

Laut den Forscher*innen müssen wir auf einen Mix aus staatlichen und nicht-staatlichen Steuerungsmaßnahmen setzen, um eine nachhaltige Transformation in Gang zu bringen, mit der wir die Biodiversität auf unserem Planeten schützen können.

Dazu zählt beispielsweise, dass die Politik Anreize setzen muss, um umweltfreundliches Verhalten zu fördern. Oder auch, dass viel stärker bereichsübergreifend zusammengearbeitet werden muss, um kluge Lösungen zu entwickeln. Nur, wenn eine nachhaltige Transformation auf globaler Ebene gelingt, können wir es schaffen, auch die

Bedürfnisse künftiger Generationen zu befriedigen. Denn dafür ist eine intakte Umwelt absolut notwendig.

Warum es eine Illusion ist, dass der Mensch zuletzt ausstirbt

In verschiedenen Medien konnte man in der Vergangenheit lesen, dass der Mensch das sechste große Massenaussterben der Geschichte in Gang gesetzt hat.[41] Das Problem bei dieser Sichtweise: sie suggeriert, erweckt also den Eindruck, der Mensch sorge zwar dafür, dass viele Tier- und Pflanzenarten aussterben – er selbst jedoch sei außen vor.

Das stimmt so aber nicht. Denn auch der Mensch ist ein Lebewesen auf diesem Planeten und damit davon abhängig, dass bestimmte Bedingungen herrschen, damit er hier überleben kann. Es ist eine Illusion zu glauben, dass der Mensch die letzte Art wäre, die ausstirbt.[42] Dafür sind wir nämlich viel zu vulnerabel, also verletzlich, und abhängig von den Ökosystemleistungen, die der Planet für uns erbringt.[43]

!

Ökosystemleistungen

Als Ökosystemleistungen werden Dienstleistungen bezeichnet, die die Natur für den Menschen erbringt. Dabei wird zwischen drei Arten von Leistungen unterschieden, nämlich materiellen Versorgungsleistungen, Regulierungsleistungen und kulturellen Leistungen.

Zu den materiellen Versorgungsleistungen, die die Natur für uns übernimmt, zählen die Bereitstellung von Energie, Nahrungsmitteln, (Bau-)Materialien sowie medizinischer, biochemischer und genetischer Ressourcen. Als regulierende Ökosystemleistungen gelten die Schaffung und der Erhalt von Lebensräumen, die Bestäubung und Ausbreitung von Samen, die Regulierung der Luftqualität, des Klimas, der Meeresversauerung und der Qualität von Süßwasservorkommen sowie Aufbau, Schutz und Dekontamination von Böden und die Regulierung von Gefahren, Extremereignissen, Schädlingen und Krankheiten. Mit kulturellen Leistungen sind zum Beispiel Bildungsmöglichkeiten[44] sowie die Natur als Inspirationsquelle gemeint.[45]

Durch den Klimawandel kann die Natur die Ökosystemleistungen für den Menschen nur noch eingeschränkt erbringen. Das ist ein Problem, denn der Mensch ist abhängig davon, dass die Natur beispielsweise Nahrungsmittel zur Verfügung stellt. Schon heute sind aber 40 Prozent der Böden weltweit geschädigt und dadurch weniger fruchtbar.[47] Schuld daran ist vor allem eine nicht-nachhaltige landwirtschaftliche Praxis. Aber auch die Klimakrise wirkt sich auf den Bodenverlust aus. So kann zum Beispiel durch Extremwetter die Versalzung von bewässerten und landwirtschaftlich genutzten Böden zunehmen.[46]

Wenn wir also nichts an unserem Verhalten ändern, dann machen wir nicht nur die Lebensgrundlage unzähliger Tier- und Pflanzenarten kaputt, sondern vor allem auch unsere eigene. Wir Menschen sind nicht unverwundbar – ganz im Gegenteil. Unsere Körper können beispielsweise nur eine geringe interne Temperaturabweichung aushalten, bevor wir uns in Lebensgefahr begeben.[48] Schon heute sind einige Landstriche der Erde im Sommer über die Mittagsstunden unbewohnbar, Tendenz steigend. Bei Hitze sind wir weniger leistungsfähig[49], was in einigen Teilen der Welt, in denen Menschen sich durch Landwirtschaft selbst versorgen, zu großen Problemen führt. Denn wer den gesamten Sommer über weniger arbeiten kann, dem droht die Armut. Hinzu kommt der Stress, den die Dauer-Hitze auf die Pflanzen ausübt.[50] Kein Wunder also, dass in den kommenden Jahren viele Klimageflüchtete erwartet werden, die vor den veränderten Temperaturen und damit erschwerten Lebensbedingungen in kältere Teile der Welt fliehen. Mit diesen Klimageflüchteten werden wir uns in einem kommenden Kapitel des Buches noch näher beschäftigen.

Krankes Klima, gefährdeter Mensch

Der Klimawandel ist also nicht nur eine Bedrohung für unsere Ökosysteme, sondern vor allem auch für uns Menschen und unsere Gesundheit. Wie genau sich der Klimawandel auf unsere Gesundheit auswirkt, das hat das Wuppertal Institut im Auftrag der Krankenkasse BARMER 2022 genauer betrachtet und auf Basis zahlreicher Studien eine Forschungslandkarte erstellt.[51]

Die Wissenschaftler*innen unterscheiden dabei zwischen primären, sekundären und tertiären Folgen des Klimawandels, die einen negativen Effekt auf die menschliche Gesundheit haben. Zu den primären Folgen zählen solche, die eine direkte Auswirkung auf die menschliche Gesundheit aufweisen. Ein Beispiel wäre extreme Hitze, die sich durch Hitzschläge, Herz-Kreislauf-Erkrankungen, Einschränkungen von kognitiven Funktionen[52] und Organen sowie psychische Belastungen auf den Menschen auswirken kann.

Unter sekundären Folgen verstehen die Forscher*innen Auswirkungen, die ökosystemvermittelt auftreten. Das bedeutet, dass der Mensch sie biologisch, physikalisch oder ökologisch zu spüren bekommt. Um beim Beispiel extreme Hitze zu bleiben: Eine sekundäre Folge von Hitze wäre den Wissenschaftler*innen zufolge, dass die Landwirtschaft durch Dürren weniger Erträge einbringt. Das kann sich gesundheitlich zum Beispiel durch Mangelernährung auf den Menschen auswirken. Eine andere hitzebedingte Folge des Klimawandels wäre eine Verstärkung der Allergie-Exposition, was Haut- und Magen-Darm-Erkrankungen, Kopfschmerzen, Schlafstörungen, Asthma und Heuschnupfen zur Folge haben kann.

Tertiäre Folgen des Klimawandels mit Auswirkungen auf die menschliche Gesundheit sind wiederum solche, die den Menschen sozial vermittelt treffen. Lasst uns auch hier beim Beispiel Hitze bleiben: Durch Ernteausfälle kann es beispielsweise zu steigenden Lebensmittelpreisen, Hungersnöten, bewaffneten Konflikten, Migration oder wirtschaftlicher Instabilität kommen.

Du siehst, der Klimawandel wirkt sich auf unterschiedliche Weise auf unsere Gesundheit aus – manchmal sehr direkt, manchmal eher indirekt. Er stellt aber auf alle Fälle eine Bedrohung für uns Menschen dar, und zwar schon heute. Dabei sind aber nicht alle Menschen gleich stark vom Klimawandel betroffen, wie du im nächsten Kapitel sehen wirst.

Nicht alle sind gleich stark vom Klimawandel betroffen

Mir ist es wichtig, eines klarzustellen: Wir befinden uns bereits mitten im Klimawandel. Die Erde hat sich im Vergleich zum vorindustriellen Zeitalter schon um rund 1,2 Grad Celsius erwärmt. Und ja, auch heute bekommen Menschen schon die Folgen des Klimawandels zu spüren, auch wenn unsere Diskussionen dazu oft den Eindruck erwecken, dass es sich dabei um ein Problem handelt, mit dem wir uns erst in Zukunft auseinandersetzen müssen.

Wobei Ersteres sogar stimmt: Wir hier in Deutschland, das im Globalen Norden liegt, spüren tatsächlich noch nicht so viel von den Auswirkungen des Klimawandels. Abgesehen vielleicht vom Sommer 2021, als eine Jahrhundertflut die Region um die Flüsse Ahr und Erft quasi ertränkt hat.[53] In den Ländern des Globalen Südens sieht die Lage schon heute viel dramatischer aus. Und der Klimawandel ist grundsätzlich eine ziemlich ungerechte Angelegenheit: Denn oft bekommen die, die am wenigsten dazu beitragen, dass sich das Klima wandelt, genau diesen Wandel am stärksten zu spüren.

WAS IST DER GLOBALE SÜDEN?

Der Globale Süden beschreibt eine Gruppe von Ländern, die gesellschaftlich, politisch und ökonomisch benachteiligt sind. Dem gegenüber steht der Globale Norden, dessen Länder im globalen Gefüge eine privilegierte Position einnehmen. Dabei gibt es auch Länder, die zwar geografisch auf der Südhalbkugel liegen, aber trotzdem zum »Globalen Norden« gehören, wie zum Beispiel Australien.[54]

Laut dem Globalen Klima-Risiko-Index von 2021 zählen neun von zehn Ländern[55], die in den Jahren 2000–2019 am meisten mit den Auswirkungen des Klimawandels zu kämpfen hatten, zum Globalen Süden.[56] Dieser Index vergleicht, wie stark einzelne Länder von Extremwetterereignissen betroffen waren, und unterstreicht so, wie verletzlich vor allem ärmere Länder durch Klimarisiken sind.

Das zentrale Problem ist nicht nur, dass Länder des Globalen Südens überproportional hart von Extremwetterereignissen getroffen werden, sondern auch, dass sie durch die prekäre, also schwierige wirtschaftliche Situation schlechter vorsorgen und mit aufkommenden Krisen umgehen können. Aufgrund von mangelnder Infrastruktur können Verletzte nach einer Katastrophe beispielsweise schlechter versorgt werden.

Unabhängig davon, wo auf der Welt man sich gerade befindet, sind vor allem die vulnerablen Gruppen einer Gesellschaft besonders stark vom Klimawandel betroffen. Dazu zählen zum Beispiel alte und kranke Menschen, aber auch Menschen mit Behinderung und Kinder. Diese Gruppen sind oft weniger widerstandsfähig und leiden zum Beispiel schneller unter anhaltender Hitze, was im schlimmsten Fall zum Tod führen kann. Auch im Fall von Naturkatastrophen sind diese Gruppen oft schlechter geschützt, weil sie für die Flucht aus einem Katastrophengebiet auf Hilfe angewiesen oder bei einer Überschwemmung besonders gefährdet sind, wenn sie nicht schwimmen können.

WAS MACHT MENSCHEN ODER REGIONEN VERWUNDBAR BZW. VULNERABEL?

Die Verwundbarkeit von Bevölkerungsgruppen oder Regionen wird durch unterschiedliche Faktoren bestimmt[57]:

- Ausmaß des regionalen Klimawandels: Nicht überall erwärmt sich die Erde gleich intensiv und auch Niederschläge nehmen regional unterschiedlich stark zu oder ab.

- Empfindlichkeit gegenüber Klimaveränderungen: Klimaveränderungen wirken sich je nach Region unterschiedlich stark aus. Auch die verschiedenen Bevölkerungsgruppen sind nicht zu gleichen

Teilen betroffen. Vor allem alte und kranke Menschen gelten als vulnerabel.

- Bewältigungs- und Anpassungsfähigkeit: Einen Ernteausfall beispielsweise können reiche Länder durch Zukauf auf dem Weltmarkt besser kompensieren als arme Länder.

Bei der Flutkatastrophe im Sommer 2021 in Nordrhein-Westfalen und Rheinland-Pfalz starben zwölf Menschen mit Behinderung, weil sie nicht rechtzeitig aus ihrem Heim in Sinzig evakuiert wurden und sich nicht selbst retten konnten.[58] Auch an anderen Orten waren Menschen mit Behinderung verunsichert, weil die Warnsysteme nicht barrierefrei sind und es keine Warnungen in Gebärdensprache gab.[59] Das ist nur ein Beispiel, das untermauert, wie viele Strukturen in unserer Gesellschaft die speziellen Bedürfnisse von Menschen mit Behinderung schlichtweg nicht berücksichtigen, was im Zweifelsfall eine tödliche Gefahr für die Betroffenen darstellt.

Das hat auch die UN erkannt und deshalb eine Studie zu diesem Thema durchgeführt. Die Forscher*innen wollten herausfinden, wie die Rechte von Menschen mit Behinderung im Kontext des Klimawandels gewahrt und geschützt werden können.[60] Für die Autor*innen war es vor allem wichtig, dass Menschen mit Behinderung von den Entscheidungsträger*innen von Anfang an mit bedacht werden. Außerdem sollten Menschen mit Behinderung ganz bewusst in Entscheidungsprozesse miteinbezogen werden, wenn es zum Beispiel darum geht, Anpassungsstrategien an den Klimawandel zu erarbeiten. Auch Informationskampagnen, die sich gezielt an Menschen mit Behinderung richten und deren Bedürfnisse umfassen, wurden von den Forscher*innen als wichtiges Werkzeug benannt.

Frauen und Klimawandel

Fast alle Aspekte der Klimakrise verfügen über eine Gender-Dimension. Das bedeutet, dass es einen Unterschied macht, ob wir uns zu diesem Thema Männer oder Frauen ansehen. Sie tragen unterschiedlich stark zum Klimawandel bei, sind unterschiedlich stark von den Konsequenzen betroffen und entscheiden sich, wenn sie die Wahl haben, sogar für unterschiedliche Lösungen zur Eindämmung des Klimawandels.[61]

Schauen wir uns die einzelnen Bereiche einmal an. Eine Studie aus Schweden hat 2021 untersucht, inwiefern sich der ökologische Fußabdruck von Männern und Frauen unterscheidet.[62] Dafür haben die Forscher*innen die Treibhausgasemissionen, die Single-Männer und -Frauen im Durchschnitt verursachen, genauer betrachtet. Das Ergebnis: Während ein durchschnittlicher Single-Schwede durch seinen Lebensstil pro Jahr 10 Tonnen CO_2e emittierte, kam die Single-Schwedin nur auf etwas mehr als 8 Tonnen CO_2e pro Jahr. Die Männer gaben dabei nur 2 Prozent mehr Geld aus als die Frauen – der Unterschied in der Treibhausgas-Bilanz kann also nicht allein dadurch zustande kommen, dass die Männer mehr verdienten (obwohl mit steigendem Einkommen statistisch gesehen auch der ökologische Fußabdruck größer wird[63]). Stattdessen spielte die Frage eine viel größere Rolle, wofür das Geld ausgegeben wurde. Hier zeigt sich: Männer gaben mehr Geld für treibhausgasintensive Produkte aus, darunter Benzin und Diesel.

Zu einem ähnlichen Ergebnis kamen 2019 schon Forscher*innen der ETH Zürich und dem Wissenschaftskolleg zu Berlin.[64] Auch hier wurden Pro-Kopf-Verbräuche miteinander verglichen. Das Ergebnis: Single-Männer hatten einen deutlich höheren Stromverbrauch als Single-Frauen, was sich negativ auf den ökologischen Fußabdruck auswirkte.[65] Eine mögliche Begründung für diesen Unterschied lieferten die Forscher*innen übrigens gleich mit: Frauen seien insgesamt sensibler für Umweltthemen und würden deshalb auch umweltfreundlicher handeln.

Andere Faktoren, die dafür sorgen, dass Männer statistisch gesehen einen größeren CO_2-Fußabdruck haben als Frauen, sind zum Beispiel die Ernährung (Männer essen nämlich mehr Fleisch als Frauen), die Mobilität (Frauen übernehmen in der Regel mehr Care-Arbeit und müssen deshalb eher kürzere Strecken zurücklegen, für die kein Auto erforderlich ist, während Männer oft auf ein Auto angewiesen sind) und eben das Einkommen (weil ein höheres Einkommen auch bedeutet, dass man mehr konsumieren kann, was sich wiederum negativ auf den CO_2-Fußabdruck auswirkt).[66]

Viel besser untersucht als der geschlechterspezifische Beitrag zum Klimawandel ist aber die Frage danach, inwiefern Männer und Frauen unterschiedlich von ihm betroffen sind. Kleiner Spoiler: Frauen bekommen die Folgen des Klimawandels in der Regel deutlich härter zu spüren als Männer. Und das hat verschiedene Gründe.

Einige Extremwetterereignisse wie Hochwasser, Hitzewellen oder starke Hurrikans werden durch den Klimawandel in Zukunft immer häufiger auftreten.[67] Ein Blick in die Vergangenheit zeigt dabei: Frauen kommen bei solchen Naturkatastrophen öfter zu Tode. Das kann man vor allem in Ländern beobachten, in denen Frauen sozial und ökonomisch schlechter gestellt sind als Männer.[68] Ein Grund dafür ist zum Beispiel, dass Frauen und Mädchen seltener schwimmen lernen, unter Umständen traditionelle Kleidung tragen, die ihre Mobilität einschränkt, und in der Regel dafür zuständig sind, sich auch während einer Naturkatastrophe um Kinder und andere Verwandte zu kümmern.[69]

Die geschlechterspezifische Verwundbarkeit von Frauen durch den Klimawandel beschränkt sich aber nicht nur auf Länder des Globalen Südens. Auch während der Hitzewelle im Sommer 2003 in Südeuropa, das zum Globalen Norden zählt, waren an den heißesten Tagen 60 Prozent der Todesopfer weiblich.[70] Woran das liegt, ist nicht abschließend geklärt. Als relevanter Faktor gilt allerdings, dass besonders ältere Frauen häufig in Armut leben und damit in Vierteln, die einer höheren Hitzebelastung ausgesetzt sind.[71]

WARUM SIND BEWOHNER*INNEN ARMER VIERTEL STÄRKER VON HITZEWELLEN BETROFFEN?

Das hat unterschiedliche Gründe. In ärmeren Vierteln wird in der Regel sehr eng gebaut, damit möglichst viele Menschen auf kleinem Raum unterkommen können. Deshalb gibt es zwischen den Häusern weniger bepflanzte Freiflächen, die für Luftzirkulation und Abkühlung sorgen könnten. Außerdem sind Wohnanlagen für ärmere Bevölkerungsschichten oft nicht mit Klimaanlagen ausgestattet, die bei extremer Hitze von großer Bedeutung sind.[72]

Auch unter den Folgen des Klimawandels, die nicht direkt lebensbedrohlich sind, leiden Frauen häufiger als Männer. Besonders deutlich wird das in den von Landwirtschaft geprägten Gesellschaften des Globalen Südens. Die Heinrich-Böll-Stiftung hat dazu schon im Jahr 2009 eine Studie in vier verschiedenen afrikanischen Ländern durchführen lassen.[73] Eine der Teil-Studien fand in zwei Gemeinden von Mozambique statt, die unter Dürre und Überschwemmungen litten. Die Folge des extremen Klimas: Die Produktivität des Bodens sank, es musste mehr Zeit auf den Feldern verbracht werden, um ähnlich hohe Ernten einzufahren. In Mozambique ist Landwirtschaft traditionell Frauensache, womit die Mehrarbeit auf dem Feld in ihrer Verantwortung lag. Hinzu kam, dass die Dürren vor allem Männer in die Arbeitsmigration getrieben hatten und Frauen deshalb in vielen Fällen zusätzlich die Aufgaben ihrer Männer übernehmen mussten. Finanziell profitierten die Frauen der Studie zufolge wenig von dieser Form der Arbeitsmigration, da die Männer sich häufig Zweitfamilien vor Ort suchten und nicht mehr viel zum Haushaltseinkommen beitrugen. Deshalb mussten sich die Frauen zu Hause zusätzlich neue Einkommensquellen schaffen, um ihre Familie zu ernähren.

Parallel beanspruchten Aufgaben wie Wasserholen oder Holzsammeln mehr Zeit als zuvor, weil die Frauen weitere Wege in Kauf nehmen mussten. Die Autor*innen der Studie betonten, dass diese Veränderung der Rollenverteilung im Extremfall dazu führen kann, dass Kinder dazu gezwungen sind, die Schule abzubrechen, um ihre Familien zu unterstützen.

Im Globalen Norden sind Frauen auf andere Art vom Klimawandel betroffen, aber auch hier zeigt sich, dass sie insgesamt stärker betroffen sind als Männer. Eine Folge des Klimawandels ist auch, dass sich Krankheiten zunehmend schneller ausbreiten.[74] Das bedeutet eine Belastung für das Gesundheitssystem, dessen Mitarbeiter*innen entsprechend mehr arbeiten müssen bzw. eine höhere Arbeitslast tragen. In Deutschland sind immer noch 75 Prozent der Beschäftigten in Pflegeberufen Frauen – diese Belastung wird also vor allem sie treffen.[75, 76]

WARUM BREITEN SICH KRANKHEITEN DURCH DEN KLIMAWANDEL SCHNELLER AUS?

Forscher*innen der Universität Hawaii fanden heraus, dass 58 Prozent der 375 von ihnen untersuchten Infektionskrankheiten durch den Klimawandel verstärkt werden.[77] Die Zusammenhänge waren dabei sehr unterschiedlich. Hitze wirkt sich im Allgemeinen negativ auf unser Immunsystem aus, genauso wie durch Dürre verursachte Mangelernährung oder Stress. Dadurch haben Krankheitserreger ein leichteres Spiel. Steigende Temperaturen sorgen außerdem dafür, dass sich Überträger wie Mücken oder Zecken schneller vermehren und in Gebiete ausbreiten, wo sie vorher nicht heimisch waren.[78]

Wasser- und Futtermangel könnte zudem dazu führen, dass Wildtiere sich näher an Wohngebiete heranwagen. Dadurch steigt das Risiko für den Menschen, sich mit einer Krankheit anzustecken, die von Wildtieren übertragen wird. Naturkatastrophen wie Stürme können die Versorgung mit sauberem Trinkwasser unterbrechen und Menschen so dazu zwingen, verunreinigtes Wasser zu trinken.[79] Du siehst: Die Zusammenhänge zwischen Klimawandel und Krankheiten sind vielseitig.

Die Corona-Pandemie hat außerdem gezeigt, dass es vor allem Frauen sind, die im Fall von akuten Krisen die Sorgearbeit zu Hause übernehmen. Die traditionelle Rollenverteilung lebte während der Lockdowns wieder auf.[80] Das wirkt sich nicht nur auf die Verdienstmöglichkeiten von Frauen aus, sondern auch auf ihre psychische Gesundheit. Auch wenn die Pandemie nicht vom Klimawandel verursacht wurde, zeigt sie auf, wer im Krisenfall voraussichtlich am meisten leiden wird: Frauen. Die geringeren finanziellen Möglichkeiten und die Gefahr der Altersarmut bedrohen sie vor dem Hintergrund des Klimawandels langfristig zusätzlich. Denn so wird die Vorsorge für den Krisen-Fall erschwert. Die Altersarmut treibt Frauen außerdem in Wohnviertel, die, wie du weiter oben schon gelesen hast, nicht besonders gut geeignet sind, um großer und anhaltender Hitze zu trotzen. Das stellt ein Risiko für ihre Gesundheit dar.

Ob und wie wir von den Veränderungen, die der Klimawandel mit sich bringen wird, bedroht sind, ist also auch eine Frage des Geschlechts. Die Vereinten Nationen haben deshalb schon im Jahr 2009 begonnen, Gender als Dimension des Klimawandels zu betrachten, und auch die EU beschäftigt sich immer mehr mit diesem Thema. Das Ziel beider Institutionen ist es in erster Linie, Frauen stärker an klimapolitischen Entscheidungen zu beteiligen und so ihre Perspektive einfließen zu lassen. Außerdem soll die Gender-Dimension bei der Betrachtung des Klimawandels noch stärker berücksichtigt werden und die Regierungen der Mitgliedsstaaten sind angehalten, ihre Entwicklungsmaßnahmen so anzupassen, dass sie auch Frauen zugutekommen.[81]

!

Frauen denken anders über den Klimawandel als Männer

Einer Studie zufolge sind Frauen grundsätzlich eher bereit als Männer, ihr Verhalten anzupassen, um dem Klimawandel entgegenzuwirken.[82] Außerdem kaufen sie mit größerer Wahrscheinlichkeit Produkte von umweltfreundlichen Firmen und sind auch gewillt, höhere Preise für nachhaltige Produkte zu zahlen. Männer bevorzugten laut der Studie technische Maßnahmen, um dem Klimawandel zu begegnen, wie zum Beispiel den Einsatz von E-Autos.

Interessant ist auch, dass die Teilnehmer*innen bei *Fridays for Future* zu 70 Prozent weiblich sind.[83] Die gesamte Klima-Bewegung ist insgesamt eher Frauen-dominiert, wenn man an prominente Aktivistinnen wie Greta Thunberg, Luisa Neubauer, Louisa Dellert[84] oder Vanessa Nakate[85] denkt.

Klimagerechtigkeit

Du hast auf den letzten Seiten viel darüber gelernt, an welchen Stellen der Klimawandel bestehende Ungerechtigkeiten hervorhebt und verstärkt. Die wohl größte Ungerechtigkeit ist dabei, dass vor allem diejenigen, die am wenigsten zum Klimawandel beitragen, am meisten von ihm betroffen sind, sich aber gleichzeitig am schlechtesten vor den Folgen des Wandels schützen können. Zu den Kernforderungen von Klimaaktivist*innen wie zum Beispiel *Fridays for Future* gehört daher die nach Klimagerechtigkeit.[86] Aber was genau bedeutet das?

Der Klimawandel wurde lange Zeit vor allem als technisches und wissenschaftliches Problem betrachtet. Diese Sichtweise wird dem Klimawandel und den mit ihm verbundenen Konsequenzen aber nicht gerecht. Vor allem die sozialen Folgen der Erderwärmung konnten in der Vergangenheit nicht ausreichend berücksichtigt werden, wenn es darum ging, Maßnahmen gegen den Klimawandel zu entwickeln. Klimagerechtigkeit (eng. *climate justice*) ist ein Konzept, das genau hier ansetzen will: Sie sorgt für die inhaltliche Verknüpfung von Klimawandel und Menschenrechten, sodass eine Betrachtung des Problems möglich wird, bei der der Mensch im Mittelpunkt steht.[87] Bei Klimagerechtigkeit geht es darum, Lasten und Chancen des Klimawandels gleichmäßig zu verteilen und besonders die Rechte der vulnerablen Gruppen zu schützen.

Denn: Die Klimakrise wird immer mehr auch als Krise der Menschenrechte verstanden. Das heißt, dass Menschenrechte wie zum Beispiel das Recht auf Zugang zu sauberem Trinkwasser[88] zunehmend durch den Klimawandel gefährdet sind – oder auch das Recht auf Bildung[89], wenn du an die Situation der Familien in Mozambique zurückdenkst.

Klimagerechtigkeit

Das Konzept der Klimagerechtigkeit betrachtet den menschengemachten Klimawandel nicht nur als Umweltproblem und technische Herausforderung, sondern in erster Linie als politisches und ethisches Thema. Der Klimawandel wird in Verbindung zu Themen wie Gleichheit, Menschenrechten und sozialer Gerechtigkeit gesetzt.[90]

Klimagerechtigkeit hat unterschiedliche Dimensionen. Eine davon ist die geografische Dimension. Geografisch gesehen ist es nämlich so, dass die Länder des Globalen Nordens viel mehr zum Klimawandel beigetragen haben und es auch immer noch tun als die Länder des Globalen Südens – Letztere leiden aber heute wie auch in Zukunft deutlich stärker unter den Folgen des Klimawandels. Dem Verursacher*innenprinzip zufolge müssen die Länder, die den Klimawandel verursacht haben, auch dafür sorgen, seine Folgen einzudämmen.[91]

Die geografische Gerechtigkeit war auch ein Thema bei der UN-Klimakonferenz 2022 in Sharm el-Sheikh. Die fast 200 beteiligten Staaten[92] einigten sich auf einen Entwurf dazu, wie Ausgleichszahlungen wegen klimabedingter Schäden in betroffene Länder fließen könnten. Als Ergebnis wurde unter anderem die Einrichtung eines Fonds beschlossen – praktisch ein Geld-Topf –, in den verschiedene Länder einzahlen. Vom Klimawandel betroffene und besonders gefährdete Staaten sollen daraus dann Ausgleichszahlungen für entstandene Schäden erhalten.[93]

Auch die Frage nach der Generationengerechtigkeit ist im Kontext des Klimawandels wichtig. Schließlich haben frühere Generationen es versäumt, den Klimawandel einzudämmen, worunter vor allem künftige Generationen leiden werden, die zum Teil noch nicht einmal geboren sind. Das Bundesverfassungsgericht hat in seinem Urteil vom April 2021 klargestellt, dass es Aufgabe der Politik ist, auch die Rechte und Freiheiten der künftigen Generationen zu schützen. Die Richter*innen hatten das Klimaschutzgesetz der Großen Koalition unter Angela Merkel[94] für zum Teil verfassungswidrig erklärt. Die Politiker*innen mussten daraufhin nachbessern und konkrete Treibhausgasminderungsziele für die Zeit nach 2030 formulieren.[95] Das ist auch zeitnah passiert, allerdings kritisieren Expert*innen, dass die von der Politik formulierten Ziele nicht ausreichen, um das 1,5-Grad-Ziel zu erreichen.[96]

Klimagerechtigkeit ist also ein wichtiges Konzept, das

bei der Diskussion um den Klimawandel und die Eindämmung seiner Folgen unbedingt mitgedacht werden sollte. Denn sonst brechen wir nicht nur die UN-Klimarahmenkonvention, in welcher wir uns dazu verpflichtet haben, uns der »gemeinsamen, aber unterschiedlichen Verantwortung« zu stellen, sondern werden auch als Weltgemeinschaft daran scheitern, dem Klimawandel zu begegnen.[97]

WAS FINDEST DU GERECHT?

Gerechtigkeit ist kein einheitliches Konzept – es gibt unterschiedliche Meinungen dazu, was gerecht ist. Schau dir die Grafik an: Du siehst jeweils drei Personen, die unterschiedlich groß sind. Vermutlich einen Erwachsenen, einen Jugendlichen und ein Kind. Alle drei wollen über den Zaun schauen, um das Spiel zu verfolgen. Welche Verteilung der Kisten empfindest du als gerecht? Ist es fair, dass jede der Personen eine Kiste bekommt? Oder findest du die Aufteilung auf der rechten Seite gerechter, weil nun alle über den Zaun sehen können?

Man könnte auch argumentieren, dass die Verteilung links auf der Abbildung gerechter ist, weil alle das gleiche Maß an Unterstützung bekommen. In der Diskussion um Klimagerechtigkeit nehmen wir aber eher die Perspektive der rechten Grafik ein: Es geht darum, im Ergebnis Gerechtigkeit herzustellen und so anzuerkennen, dass unterschiedliche Länder unterschiedlich und individuell unterstützt werden müssen, damit alle Menschen ein Leben in Würde und Sicherheit führen können.

Globale (Klima-)Fluchtbewegungen

Momentan gilt nur etwa ein Prozent der Erde als zu heiß und zu trocken für die menschliche Zivilisation. Im Jahr 2070 könnten laut Forscher*innen bereits 19 Prozent der Erde unbewohnbar sein – ein Gebiet, in dem heute noch drei Milliarden Menschen leben.[98] Einige Regionen der Welt werden alleine durch vom Klimawandel verursachte Hitzewellen schon in wenigen Jahrzehnten praktisch unbewohnbar sein, wenn die Klimaziele nicht eingehalten werden. Zu diesem Ergebnis kommt ein Bericht der Vereinten Nationen und dem Roten Kreuz aus dem Jahr 2022.[99] Vor allem Teile des afrikanischen Kontinents sind den Autor*innen zufolge betroffen. Hier würden die »physiologischen und sozialen Grenzen« des Menschen überschritten werden, was zahlreiche Tote zur Folge haben werde. Aber auch an vielen anderen Orten der Erde werden in Zukunft Menschen dazu gezwungen sein, ihre Heimat zu verlassen – weil Küstenregionen überschwemmt werden[100], Starkregenereignisse regelmäßig die Ernte[101] und damit die Lebensgrundlagen der Menschen zerstören oder weil der Klimawandel als Armutsverstärker wirkt.

Wie viele Menschen infolge des Klimawandels ihre Heimat verlassen werden, ist unklar. Eine viel zitierte Schätzung geht von bis zu 200 Millionen Geflüchteten weltweit bis zum Jahr 2050 aus. Allerdings ist offen, ob damit alle Vertreibungen, die bis 2050 stattgefunden haben, gemeint sind oder nur die Menschen, die im Jahr 2050 auf der Flucht sein werden.[102] Diese Schätzung ist also mit Vorsicht zu genießen – sie gibt aber ein Gefühl für die Größenordnungen, in denen wir in Zukunft mindestens denken müssen, wenn wir über Fluchtbewegungen diskutieren.

Laut UNO-Flüchtlingshilfe[103] wurden allein im Jahr 2019 24,9 Millionen klimabedingte Vertriebene gezählt.[104] Die meisten dieser Vertreibungen fanden innerhalb der Landesgrenzen statt, weil Menschen nach Extremwetterereignissen – wie beispielsweise einer Flut – in der Regel versuchen, wieder in ihre Heimat zurückzukehren. Der Klimawandel sorgt dafür, dass sich solche plötzlich auftretenden Extremwetterereignisse häufen und Menschen zeitweise zum Verlassen ihrer Heimat gezwungen sein werden.

GIBT ES »KLIMAGEFLÜCHTETE«?

Die Genfer Flüchtlingskonvention (GFK) ist das wichtigste internationale Dokument für den Schutz von Geflüchteten. 149 Staaten haben sich verpflichtet, sich an die Grundsätze der GFK zu halten.[105] Klima- oder Umweltgeflüchtete werden in der Konvention allerdings nicht erwähnt. Als Geflüchtete*r gilt, wer aus Gründen der Rasse, Religion, Nationalität, Zugehörigkeit zu einer bestimmten sozialen Gruppe oder wegen seiner politischen Überzeugung verfolgt und bedroht wird und deshalb flieht.[106] Jemand, der also wegen der Zerstörung seiner Lebensgrundlage durch den Klimawandel flieht, gilt offiziell nicht als Geflüchtete*r. Trotzdem erkennt der UN-Migrationspakt an, dass Naturkatastrophen oder die Zerstörung von Lebensgrundlagen durch Klimaveränderungen eine Ursache für Flucht sein können.[107]

In Deutschland wurde 2020 darüber diskutiert, ob der Klimawandel als Fluchtursache ausreicht, um Asyl zu beantragen.[108] Hintergrund war eine Entscheidung im UN-Menschenrechtsausschuss. Dieser hatte festgestellt, dass Klimageflüchteten das Recht auf Asyl nicht verweigert werden darf, wenn ihr Leben in Gefahr ist. Die Bundesregierung erklärte daraufhin, dass sie zwar anerkenne, dass ein Zusammenhang zwischen Klimawandel, Migration und Flucht bestehe, dieser aber noch nicht ausreichend untersucht sei. Deshalb können Klimageflüchtete in Deutschland bisher kein Asyl beantragen. Aber:

Wenn bei einer Abschiebung eine konkrete Gefahr für Leib und Leben bestehe, dann könnte zumindest diese laut Aufenthaltsrecht ausgesetzt werden.

Klimawandel als Armutsverstärker

Der Klimawandel wird auch dafür sorgen, dass sich die Lebensumstände der Menschen schleichend, aber langfristig verschlechtern. Und zwar nicht nur lokal beschränkt, sondern über ganze Regionen hinweg. Spätestens dann muss auch die grenzüberschreitende Migration berücksichtigt werden. Simulationen haben ergeben, dass bis 2050 allein 30 Millionen Mittelamerikaner an die Grenze der USA abwandern werden, und das zumindest teilweise wegen klimabezogener Faktoren.[109] Dieselbe Studie hat auch untersucht, wie sich politische Entscheidungen auf die Fluchtbewegungen auswirken, und ist zu einem spannenden Ergebnis gekommen. In einer Welt mit maximaler Klimaerwärmung und einer migrationsfeindlichen Politik werde der Studie zufolge besonders viel Leid verursacht. Im Gegensatz dazu kann eine verlangsamte Klimaerwärmung im Zusammenspiel mit einer Politik der Unterstützung und Hilfe für Not leidende Regionen für Stabilität und weniger Vertreibung sorgen. Im Sinne der Nachhaltigkeit ist es demnach besser, den zweiten Ansatz zu wählen – wir haben ja zu Beginn des Buches gelernt, dass Nachhaltigkeit bedeutet, die Bedürfnisse möglichst aller Menschen zu befriedigen.

Noch komplizierter wird es, wenn ein weiterer Faktor berücksichtigt wird: nämlich der Klimawandel als Verstärker von Armut. Wissenschaftler*innen des Potsdam Institutes für Klimafolgenforschung haben untersucht, wie sich der Klimawandel auf Migrationsströme weltweit auswirkt.[110] Das Ergebnis: Insgesamt sorgt der Klimawandel für mehr Geflüchtete. Weil der Klimawandel aber das Wirtschaftswachstum in allen Ländern verringert, sind viele Menschen zu arm, um vor den Folgen des Klimawandels zu fliehen. Sie bleiben aus wirtschaftlichen Gründen zurück und sind dort nicht nur den schlechten ökonomischen Bedingungen ausgeliefert, sondern auch den teils lebensbedrohlichen klimatischen Veränderungen. Stabilität zu sichern muss also ein wichtiges Ziel nachhaltiger Politik sein, denn nur so können menschliche Bedürfnisse befriedigt werden. Und das wird vor dem Hintergrund des Klimawandels und den damit verbundenen Fluchtbewegungen immer herausfordernder.

Wir sehen also: Der Klimawandel wird sich in Zukunft noch stärker auf uns Menschen auswirken und dabei vor allem diejenigen treffen, die am wenigsten zum Klimawandel beigetragen haben, wie auch am Erdüberlastungstag deutlich wird.

Leben auf Pump: Der Erdüberlastungstag

Was haben der Klimawandel, der Verlust der Artenvielfalt und Klimafluchtbewegungen gemeinsam? Richtig, sie sind alle eine Folge unseres viel zu hohen Verbrauchs von Ressourcen – auch solcher, die uns eigentlich noch gar nicht zur Verfügung stehen. Besonders deutlich macht das der *Earth Overshoot Day*, der Erdüberlastungstag. Er markiert den Tag des Jahres, an dem wir rein rechnerisch alle Ressourcen, die der Planet uns innerhalb eines Jahres zur Verfügung stellt, verbraucht haben. Ab diesem Tag ist die Menschheit quasi »in den Miesen« und lebt »auf Pump«: Das heißt, dass sie Ressourcen verbraucht, die es eigentlich gar nicht gibt, und zwar auf Kosten der Erde. 2022 war das nach rund acht Monaten der Fall.[111] Die Folgen der Erdüberlastung spüren wir schon heute und werden sie in Zukunft auch noch deutlicher spüren.

Das Konzept des *Earth Overshoot Days* geht zurück auf Andrew Simms vom UK-Thinktank *New Economics Foundation*.[112] Seit 2006 arbeitet die *New Economics Foundation* für die Berechnung des *Earth Overshoot Days* mit dem *Global Footprint Network* (GFN) zusammen.[113] GFN ist eine Non-Profit-Organisation, die mit verschiedenen Akteuren kooperiert, um Ideen dazu zu entwickeln, wie man der gesamten Menschheit mit den verfügbaren Ressourcen ein gutes Leben ermöglichen kann.[114] Das Netzwerk berät außerdem Regierungen und Unternehmen in Nachhaltigkeitsfragen und berechnet für diese individuell ihren ökologischen Fußabdruck. Inzwischen hat das Netzwerk für alle Jahre, in denen entsprechende Datensätze der Vereinten Nationen[115] zur Verfügung standen, den globalen ökologischen Fußabdruck der Menschheit berechnet. Das umfasst alle Jahre ab 1961.[116, 117]

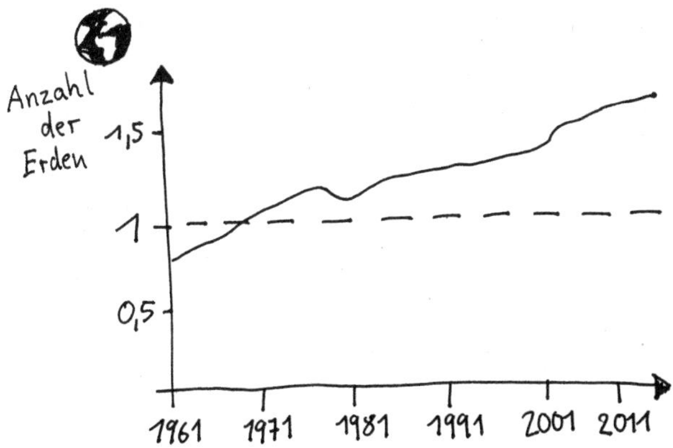

Der ökologische Fußabdruck ist das wichtigste Tool in der Arbeit des *Global Footprint Networks*. Das Konzept des ökologischen Fußabdrucks wurde in den 1990er-Jahren von Mathis Wackernagel und William Rees entwickelt, und zwar im Rahmen von Wackernagels Recherche für seine Doktorarbeit an der University of British Columbia.[118]

Heute ist der ökologische Fußabdruck eine der wichtigsten Methoden weltweit, um den Verbrauch und das Angebot an Ressourcen, die die Natur zur Verfügung stellt, miteinander zu vergleichen. Man kann sowohl den Fußabdruck von Unternehmen berechnen als auch den von Staaten oder auf der Mikro-Ebene sogar den Fußabdruck von einzelnen Individuen. Dazu wird jeweils eine Art ökologische Buchhaltung aufgemacht: Auf der einen Seite steht das, was die Natur binnen eines Jahres an Ressourcen produziert, und auf der anderen Seite das, was der Mensch im selben Jahr verbraucht.[119] Auf Dauer sollten sich beide Seiten die Waage halten. Ansonsten kommt es – ähnlich wie bei einem Unternehmen, das ständig mehr Geld ausgibt, als es verdient – zu einem riesigen Schuldenberg.

Wie wird berechnet, was *zu viel* ist?

Damit wir in der Lage sein können, Buch zu führen und eine Bilanz zu ziehen, müssen wir wissen, welche Ressourcen uns überhaupt zur Verfügung stehen. Die Forscher*innen des *Global Footprint Networks* haben die Ansätze von Mathis Wackernagel und William Rees dafür seit den 90er-Jahren stetig weiterentwickelt. Ziel der Berechnungen ist es im ersten Schritt, die sogenannte Biokapazität der Erde zu bestimmen.

Die Biokapazität umfasst die Ressourcen, die der Planet innerhalb eines Jahres produzieren kann, sowie die Fähigkeit der Umwelt, vom Menschen erzeugte Abfallstoffe zu absorbieren.[120] Berücksichtigt werden dabei die Kategorien

Ackerprodukte, Weidegras, Holz und Fisch. Um die Biokapazität zu bestimmen, schauen sich die Forscher*innen die Oberfläche der Erde an. Sie bestimmen, welcher Anteil davon beispielsweise Ackerland ist, auf dem Nahrungsmittel produziert werden können, oder auch, wie groß die zur Verfügung stehenden Waldflächen sind, welche als Kohlenstoffdioxidsenken infrage kommen. Wichtig zu erwähnen ist, dass in dieser Rechnung nur die jährlich nachwachsenden Ressourcen berücksichtigt werden, die auch tatsächlich vom Menschen genutzt werden. So werden zum Beispiel nur die Fischarten betrachtet, die wir befischen.[121]

Aus den Daten zu den verfügbaren Flächen der Erde berechnet das GFN anschließend die Biokapazität, die in der Einheit Globaler Hektar (gha) angegeben wird. Ein Globaler Hektar steht dabei für einen Hektar mit weltweit durchschnittlicher Bioproduktivität. Die Biokapazität wird jedes Jahr aufs Neue berechnet, denn welches Material als nutzbringend angesehen wird, das verändert sich unter anderem durch technische Innovationen. Wenn beispielsweise die Stängel und Blätter von Mais zur Produktion von Ethanol benutzt werden können, dann liefern Maisfelder deutlich mehr nutzbares Material, als wenn ausschließlich die Kolben verwendet werden. Dadurch erhöht sich ihre biologische Kapazität.[122, 123]

Auf der anderen Seite der Rechnung steht der ökologische Fußabdruck der Menschheit. Hier wird bestimmt, wie viel Biomasse der Mensch tatsächlich verbraucht. Neben den von der Biokapazität bekannten Kategorien wird zusätzlich noch der CO_2-Fußabdruck berücksichtigt. Gemeint ist damit die Wald-Biomasse, die erforderlich wäre, um die jährlichen CO_2-Emissionen der Menschheit zu absorbieren.[124] Auch der ökologische Fußabdruck wird in Globalen Hektar angegeben. Beide Werte, also die Biokapazität der Erde und der ökologische Fußabdruck der Menschheit, werden dann gegenübergestellt.

Der Erdüberlastungstag kommt immer früher

Heutzutage sieht die Lage so aus, dass sich die Menschheit seit vielen Jahren in einem ökologischen Overshoot befindet. Wir bräuchten im Moment gut 1,7 Planeten, um unseren Bedarf an Rohstoffen zu decken.[125] Genauer gesagt verbrauchen wir schon seit 1971 jedes Jahr mehr Ressourcen, als die Biokapazität der Erde eigentlich bereitstellt. Für eine gewisse Zeit ist das laut *Global Footprint Network* durchaus möglich: Wir können vorübergehend Ressourcen schneller ernten, als sie sich regenerieren, und so unsere Ökosysteme überbeanspruchen. Die Folge ist aber, dass die ökologischen Ressourcen unseres Planeten Schritt für Schritt zerstört werden. Irgendwann werden sich diese Systeme nicht mehr regenerieren können. Spätestens dann ist unsere Lebensgrundlage enorm bedroht. Und diesem Zeitpunkt kommen wir immer näher.

Um darauf hinzuweisen, dass wir über unsere Verhältnisse leben, hat das GFN im Jahr 2006 die Kampagne zum *Earth Overshoot Day* initiiert.[126] Dieser Tag zeigt an, wann wir rein rechnerisch die planetaren Grenzen erreicht haben. 1971 lag der Erdüberlastungstag noch am 25. Dezember, 2022 lag er schon am 28. Juli. Die Grafik zeigt, wie sich der *Earth Overshoot Day* im Laufe der Jahre verschoben hat.

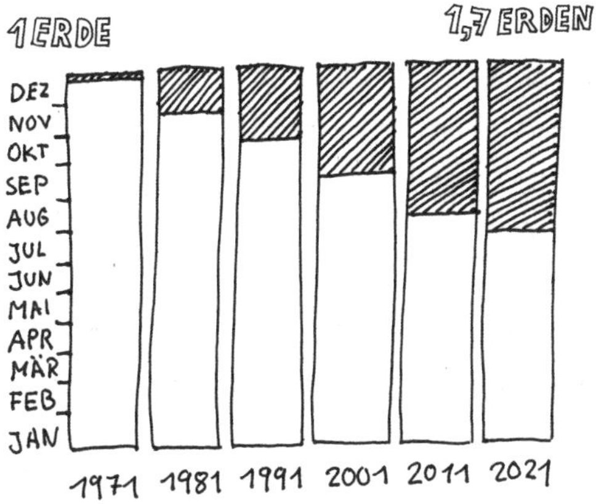

Der *Earth Overshoot Day* wird berechnet, indem die Biokapazität der Erde durch den ökologischen Fußabdruck der Menschheit geteilt und mit 365 Tagen multipliziert wird. Das Ergebnis ist der Tag des Jahres, an welchem die Ressourcen verbraucht sind.[127]

Nicht alle verbrauchen zu viel

Das *Global Footprint Network* berechnet aber nicht nur den globalen Erdüberlastungstag, sondern auch noch einmal individuell die Überlastungstage und die ökologischen Fußabdrücke für die meisten Staaten. Dazu wird die Biokapazität der einzelnen Länder berechnet und mit dem ökologischen Fußabdruck der jeweiligen Bevölkerung ins Verhältnis gesetzt. Dadurch kann man ziemlich gut vergleichen, wie ressourcenintensiv der Lebensstil der Bevölkerung eines Landes ist. Wenn man die Ergebnisse der einzelnen Staaten einander gegenüberstellt, dann fällt auf, dass die Unterschiede erstaunlich groß sind.

Während die Bevölkerung einiger Staaten deutlich weniger Ressourcen verbraucht, als ihre Landfläche zur Verfügung stellt, verhält es sich in den meisten Ländern genau umgekehrt: Hier leben die Menschen weit über ihre ökologischen Verhältnisse hinaus.[128] Das *Global Footprint Network* bezeichnet diesen Zustand als ökologisches Defizit. Nach Angaben des Netzwerkes leben heute 85 Prozent der Weltbevölkerung in Staaten, die sich im ökologischen Defizit befinden.[129]

Auf der Website des *Global Footprint Networks* kann mithilfe einer interaktiven Karte eingesehen werden, wie die verschiedenen Länder im Vergleich zueinander dastehen. Deutschland hat mit 1,6 gha pro Einwohner*in eine relativ niedrige Biokapazität. Demgegenüber steht ein ökologischer Fußabdruck von 4,7 gha pro Person, weshalb wir uns insgesamt in einem ökologischen Defizit befinden. Ganz anders sieht es beispielsweise in Brasilien aus: Durch den Regenwald hat das Land eine sehr hohe Biokapazität von 8,3 gha pro Person, der ökologische Fußabdruck pro Kopf liegt aber nur bei 2,6 gha. Brasilien verfügt also über eine große ökologische Reserve.

Spannend ist auch der Vergleich des durchschnittlichen ökologischen Fußabdrucks pro Kopf, denn auch hier gibt es ziemlich große Unterschiede zwischen den einzelnen Staaten. Während der ökologische Fußabdruck einer durchschnittlichen Person aus Mozambique bei nur 0,8 gha liegt, kommen US-Amerikaner*innen auf stolze 7,8 gha pro Kopf. Spitzenreiter im negativen Sinne sind aber die Bewohner*innen Luxemburgs: Hier liegt der ökologische Fußabdruck bei 12,3 gha pro Kopf. Deutschland liegt mit 4,7 gha (Stand: 2019) im oberen Viertel.

Wenn du selbst ausprobieren möchtest, wie die Länder im Vergleich abschneiden, dann schau doch auf der interaktiven Karte des *Global Footprint Networks* vorbei. Zur Karte kommst du über diesen Link: https://data.footprintnetwork.org/

Um greifbarer zu machen, was genau diese Werte bedeutet, »übersetzt« das GFN sie unter anderem in nationale Erdüberlastungstage. Dahinter steht die Frage, wann der *Earth Overshoot Day* erreicht wäre, wenn alle Menschen der Welt zum Beispiel so leben würden wie wir Deutschen.[130]

2023 sind die Unterschiede groß: Der früheste Erdüberlastungstag für das Jahr 2023 lag bereits im Februar, für andere Staaten wiederum gibt es gar keine *Overshoot Days*, weil ihre Bevölkerung auf kleinem ökologischen Fuß(abdruck) lebt. Auch hier sind die Katarer*innen ganz vorne mit dabei: Wenn alle Menschen der Welt denselben Lebensstil pflegen würden, dann wäre der Erdüberlastungstag bereits am 10. Februar erreicht. Bei den Luxemburger*innen wäre es der 14. Februar, und wenn alle Menschen der Welt so leben würden wie wir in Deutschland, dann wäre der Erdüberlastungstag 2023 am 4. Mai erreicht. Einen sparsameren Lebensstil pflegen hingegen die Menschen aus Indonesien, Ecuador und Jamaika. Hier lagen die nationalen *Overshoot Days* am 3., 6. und 20. Dezember (Datenstand 2018).[131]

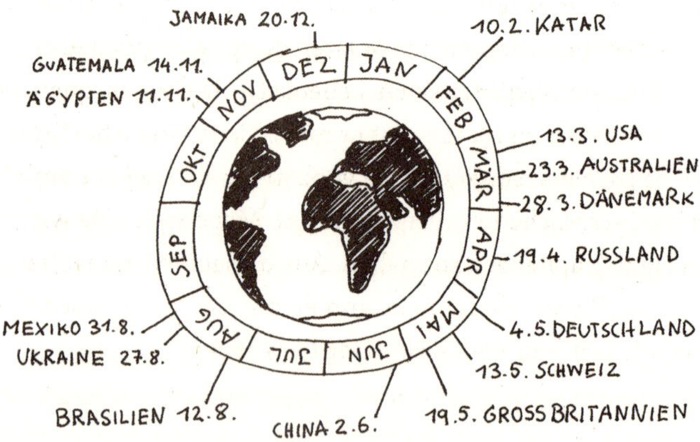

Eine andere sehr bekannte Darstellung beziehungsweise Übersetzung dieser Werte ist die Umrechnung in Erden. Dabei wird die Frage gestellt, wie viele Erden notwendig wären, um den Ressourcen-Bedarf der Menschheit zu decken, wenn alle so leben würden wie die Bevölkerung eines bestimmten Landes. Auch hier sind die Unterschiede ziemlich gravierend: Würden wir alle wie Katarer*innen leben, bräuchten wir 7,7 Erden, um unseren Hunger nach Rohstoffen zu stillen. Um den Lebensstil von uns Deutschen auf alle Bewohner*innen der Erde auszuweiten, bräuchten wir drei Erden – würden wir leben wie Jemenit*innen, wären es nur 0,4 Erden (Datenstand 2019).[132, 133]

Ganz egal, ob wir den Bedarf an zusätzlichen Planeten, den ökologischen Fußabdruck pro Kopf oder die nationalen *Earth Overshoot Days* betrachten: Es wird deutlich, dass nicht alle Menschen gleich viel dazu beitragen, dass wir heute 1,75 Planeten bräuchten[134], um den Bedarf der Menschheit an Biokapazität zu decken. Vor allem die Bewohner*innen der reichen Staaten dieser Welt pflegen einen sehr ressourcenintensiven Lebensstil. Die Konsequenzen dafür tragen im Moment aber nicht die Verursacher*innen des Problems, sondern eine ganz andere Gruppe: nämlich arme, schwache und benachteiligte Menschen, wie wir im vorigen Kapitel gelernt haben. Aus diesem Grund ist nachhaltige Entwicklung auch immer mit der Frage nach Gerechtigkeit und Verantwortung verbunden.

Meilensteine der globalen Debatte um nachhaltige Entwicklung und den Klimawandel

Der Klimawandel stellt uns als Weltgemeinschaft vor große Herausforderungen: Wir müssen einerseits die Ursachen des Klimawandels bekämpfen – das bedeutet, dass wir neue Technologien entwickeln müssen, die nicht mehr auf fossilen Energieträgern basieren. Und auch, dass wir eine Debatte darüber führen müssen, wer in Zukunft wie viel emittieren darf. Andererseits sind Anpassungsstrategien und Pläne dazu notwendig, wie wir Klimagerechtigkeit herstellen können. All diese Punkte werden schon seit vielen Jahren von Politiker*innen weltweit diskutiert und verhandelt. Im folgenden Kapitel wird es deshalb um die wichtigsten Meilensteine der globalen Debatte um nachhaltige Entwicklung und den Klimawandel gehen. Du wirst sehen: Dass es den Klimawandel gibt, ist schon ziemlich lange bekannt – und auch, was man tun müsste, um ihn zu bremsen. Hier ist es spannend zu sehen, an welchen Lösungen gearbeitet wird, um die globalen Emissionen zu senken und einen Ausgleich für besonders betroffene Länder im Sinne der Klimagerechtigkeit zu schaffen.

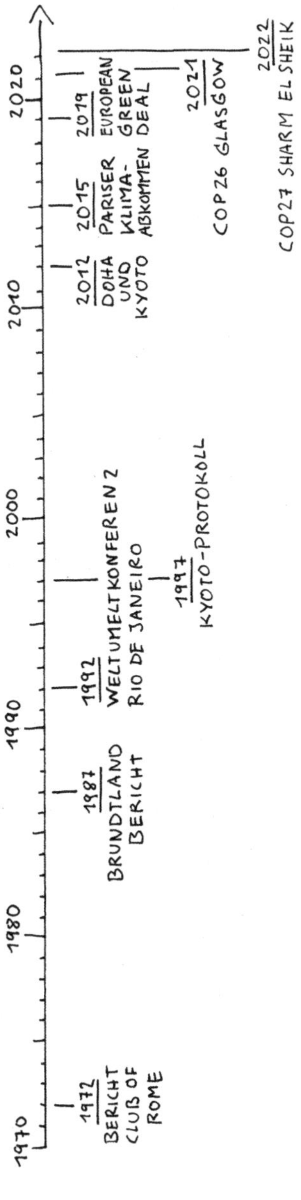
1970
1980
1990
2000
2010
2020
1972 BERICHT CLUB OF ROME
1987 BRUNDTLAND BERICHT
1992 WELTUMELTKONFERENZ RIO DE JANEIRO
1997 KYOTO-PROTOKOLL
2012 DOHA UND KYOTO
2015 PARISER KLIMA-ABKOMMEN
2019 EUROPEAN GREEN DEAL
2021 COP26 GLASGOW
2022 COP27 SHARM EL SHEIK

1972: Erster Bericht des *Club of Rome*

Die 60er-Jahre des vergangenen Jahrhunderts kann man als Goldenes Zeitalter des Kapitalismus bezeichnen: Die Wirtschaft blühte auf, der Schrecken des Zweiten Weltkrieges war langsam vergessen und eine gewisse Sorglosigkeit machte sich breit. Inmitten dieser fast beschwingten Stimmung machte sich aber Aurelio Peccei, ein italienischer Industrieller, große Sorgen um die Zukunft der Menschheit. 1965 traf er sich deshalb unter anderem mit dem schottischen Wissenschaftler Alexander King und einer Gruppe Gleichgesinnter in Rom. Sie stellten damals fest: Die Menschheit befindet sich auf einem Irrweg, weil ihr das Gefühl für Verantwortung fehlt. Dem wollten sie etwas entgegensetzen und gründeten deshalb eine Vereinigung: den *Club of Rome*.[135]

Der erste Bericht des *Club of Rome* wurde im Jahr 1972 veröffentlicht und trug den Titel »Die Grenzen des Wachstums«.[136] Er schlug ein wie eine Bombe: Basierend auf einer Computersimulation zeichnete er ein düsteres Bild von der Zukunft des Planeten, wenn die Menschheit es nicht schaffe, besser mit den vorhandenen Ressourcen umzugehen. Der Bericht wurde in etliche Sprachen übersetzt und fand große Beachtung. Deshalb gilt er als erster Meilenstein der öffentlichen Debatte um Nachhaltigkeit.[137]

Der *Club of Rome* hatte ein Team von Wissenschaftler*innen vom MIT (*Massachusetts Institute of Technology*, eine Universität) um Donella[138] und Dennis Meadows mit der Durchführung der Studie beauftragt.[139] In der Simulation wurden die Industrialisierung, das Bevölkerungswachstum, die Unterernährung, die Rohstoff-Reserven und die Zerstörung von Lebensraum betrachtet, um eine Vorhersage für die Zukunft zu treffen. Die Forscher*innen erarbeiteten verschiedene Szenarien, denen sie zum Beispiel unterschiedliche Annahmen über die vorhandenen Rohstoff-Reserven zugrunde legten. Das Ergebnis war immer ähnlich: ein Abfall der Weltbevölkerung und des Lebensstandards in den nächsten 50 bis 100 Jahren, wenn die Menschheit nicht zeitnah ihren Kurs verändert.

> »Wenn die gegenwärtige Zunahme der Weltbevölkerung, der Industrialisierung, der Umweltverschmutzung, der Nahrungsmittelproduktion und der Ausbeutung von natürlichen Ressourcen unverändert anhält, werden die absoluten Wachstumsgrenzen auf der Erde im Laufe der nächsten hundert Jahre erreicht.«[140]
> **Bericht des Club of Rome, 1972**

Auch wenn sich inzwischen nur ein Teil der damals getroffenen Vorhersagen als wahr erwiesen hat, leistete der Bericht der öffentlichen Debatte um Nachhaltigkeit eine Menge Vorschub: Neben der Aufmerksamkeit, die das Thema durch den Bericht bekam, ist es vor allem beachtlich, dass die Forscher*innen schon damals ganz gezielt ökonomische, ökologische und soziale Aspekte der Nachhaltigkeit miteinander verknüpften.[141]

1987: Brundtland-Bericht

Nach dem Bericht des *Club of Rome* fand zunächst nicht der von den Verfasser*innen erhoffte Kurswechsel statt. Im Gegenteil: Die sozialen und ökologischen Probleme wurden immer größer. Die Vereinten Nationen gründeten deshalb im Jahr 1983 die Weltkommission für Umwelt und Entwicklung. Diese unabhängige Sachverständigenkommission wurde damit beauftragt, zu untersuchen, wie die Menschheit sich langfristig und umweltverträglich entwickeln kann. Das Ergebnis wurde 1987 unter dem Titel »Our Common Future« veröffentlicht.[142] Bekannt geworden ist dieser Bericht allerdings als der Brundtland-Bericht, benannt nach der Vorsitzenden der Kommission, Gro Harlem Brundtland.

Dieser Bericht legte den Grundstein für unser heutiges Verständnis von nachhaltiger Entwicklung. Demnach bedeutet nachhaltige Entwicklung, sich so zu verhalten, dass künftige Generationen ihre Bedürfnisse genauso befriedigen können wie die im Moment lebende Generation. Außerdem wurde in dem Bericht erstmals klargestellt, dass vor allem die nicht-nachhaltigen Konsum- und Produktionsmuster des Globalen Nordens für die großen Umweltprobleme und die Armut im Globalen Süden verantwortlich sind.[143] Dadurch wurde nachhaltige Entwicklung mit der Frage nach Gerechtigkeit verknüpft. Der Brundtland-Bericht schlug sogar noch höhere Wellen als der Bericht des *Club of Rome* und sorgte dafür, dass die globale Nachhaltigkeitsdebatte so richtig entfacht und letztlich auch der erste Weltklimagipfel in Rio de Janeiro einberufen wurde.

1992: Weltumweltkonferenz in Rio de Janeiro

Das Ziel der Weltumweltkonferenz in Rio de Janeiro war es, das neu gewonnene Wissen in konkrete Verträge und Konventionen zu überführen. 178 Staaten nahmen an der Konferenz teil, dazu zahlreiche Vertreter*innen von NGOs.[144] NGO steht für *Non-Governmental Organization*, auf Deutsch Nichtregierungsorganisation. Diese Organisationen vertreten wichtige gesellschaftliche Interessen, sind aber nicht einem Staat unterstellt. Gemeinsam verhandelten sie zwölf Tage lang, um Umwelt- und Entwicklungsziele zusammenzubringen. Das Ergebnis waren mehrere Dokumente, die zum Teil noch vor Ort unterzeichnet wurden. Nachhaltigkeit und nachhaltige Entwicklung wurden so zum ersten Mal rechtlich bindend als gemeinsame Ziele verankert.[145]

Eines dieser Dokumente, die Rio-Deklaration (Rio-Erklärung), besteht aus 27 Grundsätzen.[146] Durch sie wurde unter anderem das Recht auf nachhaltige Entwicklung verankert. Außerdem wurden das Vorsorge- und das Verursacherprinzip anerkannt. Mit dem Verursacherprinzip ist gemeint, dass die Staaten, die Umweltzerstörung und Armut verursachen, auch mehr Verantwortung dafür tragen, sie zu beseitigen und gegenzusteuern. Die Staaten verpflichten sich durch Unterzeichnen der Deklaration, wirksame Umweltgesetze zu verabschieden, die Bevölkerung in Entscheidungsprozesse miteinzubeziehen und nicht-nachhaltige Konsumgewohnheiten und Produktionsweisen abzubauen.[147]

Die sogenannte Klimarahmenkonvention sieht vor, dass der Ausstoß von Treibhausgas-Emissionen bis 2050 um 60 Prozent reduziert werden muss. In der Biodiversitätskonvention haben sich die Staaten darauf verständigt, dass die biologische Vielfalt auf dem Planeten erhalten werden muss. Die Länder sind zwar berechtigt, ihre biologischen Ressourcen zu nutzen, müssen aber dafür sorgen, dass die Ressourcen auf nachhaltige Art und Weise geschöpft werden. Mit der Walddeklaration erklärten die Staaten ihre Absicht, Wälder auf globaler Ebene nach ökologischen Maßstäben zu bewirtschaften.[148] Auf der Rio-Konferenz wurde außerdem ein regierungsübergreifendes Verhandlungskomitee gegründet, um eine rechtlich bindende Konvention zur Bekämpfung der Wüstenbildung vorzubereiten.[149]

WAS IST DER UNTERSCHIED ZWISCHEN EINER KONVENTION UND EINER DEKLARATION?

Eine Konvention ist im Gegensatz zu einer Deklaration rechtlich bindend. Es handelt sich also um ein fixes Abkommen. Eine Deklaration hingegen kann mehr als Absichtserklärung verstanden werden.[150]

Das wohl bekannteste Abkommen der Rio-Konferenz ist allerdings die Agenda 21. Die 21 steht dabei für das 21. Jahrhundert – sie ist ein entwicklungs- und umweltpolitisches Aktionsprogramm, das sehr umfassend ist.[151] Thematisch ist die Agenda 21 in vier Bereiche unterteilt: Soziale und wirtschaftliche Dimensionen, Erhaltung und Bewirtschaftung der Ressourcen für die Entwicklung, Stärkung der Rolle wichtiger Gruppen und Mittel zur Umsetzung.

»Die Menschheit steht an einem entscheidenden Punkt ihrer Geschichte. Wir erleben eine Festschreibung der Ungleichheiten zwischen und innerhalb von Nationen, eine Verschlimmerung von Armut, Hunger, Krankheit und Analphabetentum sowie die fortgesetzte Zerstörung der Ökosysteme, von denen unser Wohlergehen abhängt. Eine Integration von Umwelt- und Entwicklungsbelangen und die verstärkte Hinwendung auf diese wird indessen eine Deckung der Grundbedürfnisse, höhere Lebensstandards für alle, besser geschützte und bewirtschaftete Ökosysteme und eine sicherere Zukunft in größerem Wohlstand zur Folge haben. Keine Nation vermag dies allein zu erreichen, während es uns gemeinsam gelingen kann: in einer globalen Partnerschaft im Dienste der nachhaltigen Entwicklung.«[152]
Präambel der Agenda 21

Vor allem die Staaten werden bei der Agenda 21 in die Verantwortung genommen, Strategien zu entwickeln, wie diese Ziele erreicht werden können – auf nationaler wie kommunaler Ebene.

1997: Das Kyoto-Protokoll

»Diese rechtsverbindliche Verpflichtung verspricht eine historische Umkehrung des Anstiegs der Emissionen, der in diesen Ländern vor rund 150 Jahren begann.«[153]
Kyoto Protokoll

Das Kyoto-Protokoll wurde 1997 im japanischen Kyoto auf der COP3 verabschiedet. COP steht übrigens für »Conference of the Parties« und bezieht sich auf die Länder, die 1992 in Rio die Klimarahmenkonvention unterschrieben haben. Bis heute werden die Klimakonferenzen auf diese Weise durchnummeriert, 2022 fand in Ägypten zum Beispiel die COP27 statt.[154]

Mit dem Protokoll einigten sich die Vertragsstaaten erstmals auf eine absolute und rechtlich bindende Begrenzung des Ausstoßes von Treibhausgasen.[155] In der ersten Verpflichtungsperiode von 2008 bis 2012 sollten eine Reihe von Industrienationen, darunter auch Deutschland, ihre Emissionen der sechs gefährlichsten Treibhausgase um 5,2 Prozent im Vergleich zum Niveau von 1990 senken.[156] Um wie viel Prozent die einzelnen Nationen ihre Emissionen jeweils senken mussten, war sehr unterschiedlich. So sagte die EU (die damals aus 15 Staaten bestand[157]) zu, die Emissionen insgesamt um acht Prozent senken zu wollen. Im EU-internen Aushandlungsprozess verpflichtete sich Deutschland schließlich dazu, insgesamt 21 Prozent weniger Treibhausgase zu emittieren.[158]

Das Protokoll wurde von 191 Staaten ratifiziert, darunter alle EU-Länder und wichtige Schwellenländer wie Brasilien oder Indien.[159] Spannend ist, dass die USA das Kyoto-Protokoll nie ratifiziert haben.

Das Protokoll sieht vor, dass jedem der teilnehmenden Industrieländer eine bestimmte Menge an CO_2e-Zertifikaten zusteht. Die Zertifikate drücken dabei aus, welche Menge an Treibhausgasen insgesamt emittiert werden darf.

Die Länder haben die Möglichkeit, diese Zertifikate untereinander zu handeln. So kann ein Land, das seine Emissionsrechte nicht vollständig aufgebraucht hat, sie an ein anderes Land verkaufen und finanziell davon profitieren.

Ein Teil des Kyoto-Protokolls war der *Clean Development Mechanism* (Mechanismus für umweltverträgliche Entwicklung, kurz: CDM).[160] Die Idee: Für das Erreichen des Reduktionsziels ist es egal, wo die Emissionen eingespart werden. Der CDM ermöglichte es daher den Industrienationen, die sich zum Einsparen von Emissionen verpflichtet hatten, sich Emissionen anrechnen zu lassen, die durch sie in anderen Ländern eingespart wurden. Das ist zum Beispiel der Fall, wenn Industrieland A in Land B ein Klimaschutzprojekt umsetzt und finanziert, das nachweislich Emissionen einspart.[161]

2012: Doha und Kyoto II

Nach vielen Jahren der Verhandlung wurde in Doha, Katar, auf der COP18 die Fortsetzung des Kyoto-Protokolls beschlossen.[162] Die zweite Verpflichtungsperiode lief von 2013 bis 2020. Insgesamt verpflichteten sich 37 Staaten, ihre Treibhausgas-Emissionen weiter zu verringern.[163] Und zwar um 18 Prozent im Vergleich zu 1990.[164] Leider sind wichtige Länder wie Japan oder Kanada aus Kyoto ausgestiegen, sodass die verbliebenen Länder zusammen nur noch für 15 Prozent der Emissionen weltweit verantwortlich waren.

Auf der COP18 wurde beschlossen, dass die Zertifikate von Kyoto 1.0 ihre Gültigkeit behalten. Vor allem die osteuropäischen Länder legten Wert auf diese Regelung, da sie über einen Vorrat an Zertifikaten verfügten.

In Doha einigten sich die Staaten außerdem darauf, bis 2015 ein neues Klimaabkommen für die Zeit ab 2020 auszuhandeln. Das Ziel sollte es sein, diesmal deutlich mehr Länder an Bord zu holen und vor allem auch Länder wie die USA und China, die sehr viele Treibhausgase emittieren[165], dazu zu verpflichten, ihre Emissionen einzuschränken.

2015: Das Pariser Klimaabkommen

Das Pariser Klimaschutzabkommen ist der mit Abstand größte Meilenstein der bisherigen globalen Klima-Politik. 195 Staaten einigten sich 2015 auf ein neues, globales Klimaschutzabkommen.[166] Bis Ende 2023 haben von den unterzeichnenden Staaten lediglich Iran, Jemen und Libyen das Abkommen noch nicht ratifiziert, also von den dortigen Parlamenten oder Staatsoberhäuptern bestätigt.[167]

Das Klimaschutzabkommen von Paris verfolgt drei Ziele:

1. die Begrenzung der Erderwärmung auf deutlich unter 2 Grad Celsius im Vergleich zum vorindustriellen Zeitalter, besser auf 1,5 Grad Celsius

2. die Verbesserung der Anpassungsfähigkeit an den Klimawandel

3. die Ausgestaltung der Finanzmittelflüsse, sodass sie das Erreichen der Klimaziele unterstützen

Das Abkommen hebt die frühere, starre Unterteilung zwischen Industrie- und Schwellen- bzw. Entwicklungsländern auf und nimmt alle Staaten in die Pflicht. Trotzdem berücksichtigt das Abkommen, dass nicht alle Staaten gleich viel Verantwortung für den Klimawandel tragen. Es ist von »gemeinsamen, aber unterschiedlichen Verantwortlichkeiten« die Rede.[168] Deshalb werden Länder des Globalen Südens bei der Minderung ihrer Emissionen und der Anpassung an den Klimawandel von Ländern des Globalen Nordens unterstützt – zum Beispiel, indem sie Hilfe bei der Entwicklung der dazu nötigen Technologien bekommen, aber auch durch finanzielle Zuwendungen.[169]

Um die Einhaltung des Abkommens zu kontrollieren, finden seit 2018 alle fünf Jahre globale Bestandsaufnahmen statt. Wie genau die Staaten ihre Ziele erreichen wollen, legen sie in nationalen Klimaschutzbeiträgen selbst fest. Diese müssen ab 2025 alle fünf Jahre weitergeschrieben werden. Kritisiert wird an dem Abkommen, dass die Einhaltung der Ziele zwar kontrolliert werde, ein Verstoß aber keine Konsequenzen hat.

Der *Emissions Gap Report* von 2022 hat ergeben, dass die bis dahin eingereichten nationalen Klimaschutzbeiträge nicht ausreichen, um die Erderwärmung auf 1,5 oder 2 Grad Celsius zu begrenzen. Aktuell steuern wir auf eine Erderwärmung von rund 2,8 Grad Celsius zu.[170, 171]

2019: European Green Deal

Europa soll bis 2050 der erste klimaneutrale Kontinent der Welt werden – das stellte EU-Kommissionspräsidentin Ursula von der Leyen im Dezember 2019 in Aussicht. Den Weg dahin soll der *European Green Deal* ebnen.[172] Das Ziel ist es, eine moderne, ressourceneffiziente und wettbewerbsfähige Wirtschaft zu schaffen, die ihr Wachstum von der Ressourcennutzung abkoppelt, niemanden im Stich lässt und dabei netto-null Emissionen verursacht.[173]

WAS BEDEUTET NETTO-NULL FÜR EMISSIONEN?

Es ist im Augenblick nicht abzusehen, dass menschliches Leben auf der Erde ganz ohne Treibhausgasemissionen stattfinden kann. Deshalb ist das Ziel von klimapolitischen Anstrengungen in der Regel nicht, dass gar keine Treibhausgase mehr in die Luft gelangen, sondern dass die Bilanz netto, also nach den Abzügen durch künstliche und natürliche Senken, bei null liegt. Vielleicht erinnerst du dich noch daran, dass Wälder und Ozeane eine bestimmte Menge CO_2 pro Jahr binden können – sie sind natürliche Kohlenstoffdioxidsenken.[174] Wie viel CO_2 gebunden werden kann, das können Wissenschaftler*innen heutzutage ziemlich genau berechnen. Dazu kommen außerdem künstliche Kohlenstoffdioxidsenken, die vom Menschen geschaffen wurden, denn es ist heute schon möglich, CO_2 gezielt aus der Luft zu nehmen und zu binden.[175] Daraus ergibt sich eine bestimmte Menge an Treibhausgasen, die wir emittieren können, ohne dass sie den Klimawandel weiter vorantreibt. Wenn wir als Land/Kontinent/Weltgemeinschaft unsere Emissionen auf diese Menge beschränken, dann haben wir die Netto-Null geschafft.

Um diesen Umbau der Wirtschaft zu gestalten, schlägt die EU ambitioniertere Ziele für die einzelnen Sektoren vor. Verkehr, Gebäude, Energie und Industrie sollen noch schneller klimaneutral werden. Außerdem regt die Kommission an, dass Wälder, Böden, Feucht- und Torfgebiete in ganz Europa wiederhergestellt werden sollen, um natürliche CO_2-Senken zu reaktivieren.[176]

2021: COP26 in Glasgow

Bei der COP26 im schottischen Glasgow einigten sich die beteiligten Staaten darauf, die Energiegewinnung durch die Verbrennung von Kohle schrittweise herunterzufahren und auch die Subventionen für fossile Brennstoffe abzuschaffen.[177]

2022: COP27 in Sharm el-Sheikh

Der 27. Klimagipfel in Sharm el-Sheikh, Ägypten, blieb mit seinen Ergebnissen deutlich hinter den Erwartungen zurück.[178] Die teilnehmenden Staaten bekräftigten zwar, dass sie die Erderwärmung auf 1,5 Grad Celsius begrenzen wollen, konnten sich aber nicht dazu durchringen, den Ausstieg aus der Verbrennung von Öl und Gas zu beschließen. Auch sonst wurden keine konkreten Maßnahmen festgelegt, um die Treibhausgasemissionen zu senken.

Als Erfolg gilt allerdings der Beschluss, einen Klimafonds einzurichten. Offen blieb allerdings, wer in den Fonds einzahlen und wer von ihm profitieren soll. Vor allem die Frage nach der Rolle Chinas wurde diskutiert. China ist für einen großen Teil der globalen CO_2e-Emissionen verantwortlich, sieht sich selbst aber als Nehmerland, das von den Fonds profitieren könnte.[179]

Wir sehen: Die politische Auseinandersetzung mit der Klimakrise und ihren Folgen kann inzwischen auf mehr als fünfzig Jahre Geschichte zurückblicken. Dabei wurde der Nachhaltigkeitsbegriff immer mehr ausgeweitet und um seine soziale und ökonomische Dimension ergänzt. Die Diskussion hat sich auch zugunsten der Klimagerechtigkeit verschoben, was als großer Erfolg verbucht werden kann. Und auch die Tatsache, dass inzwischen quasi alle Länder formal an Bord sind, ist extrem wichtig. Aber: Insgesamt reichen die (Selbst-)Verpflichtungen der Länder im Moment noch nicht aus, um die Erderwärmung tatsächlich auf 1,5 Grad Celsius oder auch nur 2 Grad Celsius zu beschränken. Da uns als Weltgemeinschaft die Zeit knapp wird, um den Klimawandel noch zu bremsen, brauchen wir zeitnah rechtlich bindende und bestenfalls mit Sanktionen verknüpfte Pläne, wie wir unsere Emissionen weiter reduzieren können.

TEIL 2: DIE WIRTSCHAFT ALS HEBEL

Neben der Politik, die den Weg für eine nachhaltige Entwicklung ebenen muss, ist es vor allem unsere Wirtschaft, in der sich etwas verändern muss. Denn die Art, wie wir produzieren und konsumieren, hat einen enormen Einfluss darauf, welchen ökologischen Fußabdruck wir als Menschheit hinterlassen. Deshalb schauen wir uns in diesem Kapitel an, wo die Probleme in unserem aktuellen Wirtschaftssystem liegen und welche Ideen es gibt, dieses umzubauen.

Alles eine Frage des Systems?

Unsere Welt ist heute von vielen Ungerechtigkeiten geprägt: Die Schere zwischen Arm und Reich ist riesig, und während vor allem in Ländern des Globalen Nordens ein Überschuss an Lebensmitteln und Konsumgütern besteht, leiden viele Menschen im Globalen Süden unter Hunger oder haben keinen Zugang zu sauberem Trinkwasser. Die systematische Ausbeutung des Globalen Südens durch den Globalen Norden ist dabei der Haupttreiber für diese Entwicklung. Und dieses Verhältnis systematischer Ausbeutung ist vor allem durch das vorherrschende Wirtschaftssystem entstanden – den Kapitalismus.

So funktioniert Kapitalismus

Der Kapitalismus ist eine Wirtschafts- und Gesellschaftsordnung, in der nur wenige Menschen Kapital besitzen. Diese Menschen nennt man Unternehmer*innen. Unter Kapital versteht man alles, was zur Produktion von Waren notwendig ist, also zum Beispiel Geld, Werkzeuge, Maschinen und die Fabrikhallen. Diejenigen, die das Kapital besitzen, bestimmen im Kapitalismus darüber, was produziert wird. Weil sie aber möglichst viel Geld verdienen möchten, stellen sie in der Regel die Produkte her, die viele Menschen kaufen wollen. Der Kapitalismus zeichnet sich deshalb dadurch aus, dass Angebot und Nachfrage den Markt regeln und der Staat möglichst wenig in das Wirtschaftsgeschehen eingreift.[1] Für die Unternehmer*innen geht es im Kapitalismus stets darum, ihr Kapital zu vermehren. Auch das ist ein Punkt, der dieses System auszeichnet.

Der Kapitalismus entwickelte sich seit dem Ende des 18. Jahrhunderts in der Zeit der industriellen Revolution. Damals entstanden die ersten großen Fabriken, in denen viele Arbeiter*innen für einen Unternehmer tätig waren, oft unter schlechten Bedingungen und für wenig Lohn.[2, 3] Im Laufe der Jahre wurden dann immer mehr Gesetze beschlossen, die die Arbeiter*innen vor Ausbeutung schützen sollten, und mit fortschreitender Industrialisierung kam es so insgesamt zu einer Aufwärtsentwicklung der Arbeits- und Lebensverhältnisse.[4] Genau das ist eines der Hauptargumente der Kapitalismus-Befürworter*innen: Insgesamt ging es noch nie so vielen Menschen so gut wie in letzter Zeit.[5] Heutzutage gelten Menschen als von extremer Armut betroffen, wenn sie von weniger als 2,15 US-Dollar pro Tag und Kopf leben.[6] 1981 traf das noch auf 44 Prozent der Weltbevölkerung zu – heute ist weltweit nur noch weniger als jeder Elfte von extremer Armut betroffen.[7] Auch die Anzahl der Menschen, die von Armut betroffen ist, die also in Haushalten mit einem Einkommen unter 3,65 US-Dollar pro Tag leben, ist in den letzten Jahrzehnten gesunken.[8]

Die Kehrseite des Ganzen ist, dass sich auch die Ungleichheit zwischen den Armen und Reichen verstärkt hat: Laut der

Hilfsorganisation Oxfam hat das reichste Prozent der Weltbevölkerung seit 1995 fast 20-mal mehr Vermögen angehäuft als die ärmsten 50 Prozent der Menschheit zusammen.[9] Diese Unterschiede sind so groß, dass man sie sich kaum vorstellen kann. Und sie gehen über das reine Vermögen hinaus, denn auch die Unterschiede in Bildung, Gesundheit und sozialer Absicherung sind heute so groß wie nie.

Warum der Kapitalismus nicht nachhaltig ist

Es ist wenig verwunderlich, dass sich die Unterschiede zwischen Arm und Reich in unserer vom Kapitalismus geprägten Welt stetig weiter festigen. Schließlich gehört es zu den Grundprinzipien des Systems, dass die Unternehmer*innen ihr Kapital vermehren und ihren Profit maximieren. Seitdem es vor allem in Ländern des Globalen Nordens immer mehr und immer strengere Gesetze zum Schutz der Arbeitnehmer*innen gibt, kann man daher eine beunruhigende Entwicklung beobachten – nämlich, dass immer mehr Unternehmen ihre Produktion outsourcen.

Outsourcing bedeutet, dass ein Unternehmen seine Produktion an Zulieferer auslagert, und durch die Globalisierung verlagern Unternehmen ihre Produktion immer häufiger ins Ausland. Vor allem Länder, in denen niedrigere Lohnniveaus der Standard und die Auflagen zum Schutz der Arbeiter*innen gering sind, werden gerne als Standorte gewählt, weil das für die Unternehmen Kosten spart. So kommt es, dass unser Alltag insgesamt von ausbeuterischen Strukturen geprägt ist: Die Kleidung, die wir tragen, die Elektrogeräte, die wir nutzen, und die Lebensmittel, die wir essen – für viele dieser Produkte arbeiten Menschen im Globalen Süden, oft unter menschenunwürdigen Bedingungen. Auch die Zerstörung der Umwelt wird dafür aus Kostengründen von Unternehmen billigend in Kauf genommen.

Das auf Profitmaximierung basierende System des Kapitalismus macht es für Unternehmen also attraktiv, Mensch und Umwelt auszubeuten, weil so Kosten eingespart werden können.

Unsere Lebensweise ist imperial

Global gesehen ist es so, dass diese Ausbeutung in der Regel von Unternehmen des Globalen Nordens ausgeht und Menschen des Globalen Südens trifft. Wir leben also auf Kosten der Menschen und Umwelt in weniger privilegierten Regionen der Welt. Dieses System wird auch als »imperiale Lebensweise« bezeichnet.[10]

Imperial meint in diesem Zusammenhang, dass sich diese Lebensweise stetig ausbreitet und andere Lebensweisen verdrängt, während sie übermäßig auf die Natur und menschliche Arbeit zugreift und diese Ressourcen ungleich verteilt. Mit Lebensweise ist gemeint, dass sie unseren Alltag vollständig durchdringt. Ihr Einfluss beschränkt sich nicht nur auf unsere Art zu wirtschaften, sondern betrifft zum Beispiel auch unsere Denkmuster.[11] Kurzum: Wir im Globalen Norden leben auf Kosten des Globalen Südens und haben daraus eine sich vermeintlich ergebende »Überlegenheit« verinnerlicht. Das zeigt sich zum Beispiel durch die Nutzung von Begriffen wie »Entwicklungsländer«. Wenn wir andere Länder so bezeichnen, dann setzen wir dabei immer einen westlichen Maßstab an, um zu bewerten, was als »entwickelt« gilt. Hier schwingt eine Wertung bzw. eine Abwertung mit. Gleichzeitig wird dabei ausgeblendet, dass der Globale Norden für viele Missstände im Globalen Süden verantwortlich ist.

Dieses System der Ausbeutung ist neokolonial und sorgt dafür, dass wenige, privilegierte Menschen im Globalen Norden quasi unbegrenzten Zugriff auf Arbeitskräfte und Ressourcen haben, während die durch diese Lebensweise verursachten Schäden vor allem die Menschen im Globalen Süden betreffen. Inwiefern sie betroffen sind, kannst du in Teil 1 des Buches nachlesen.

WAS IST NEOKOLONIALISMUS?

Der Neokolonialismus beschreibt die Beziehung zwischen den früheren Kolonialmächten und den damaligen Kolonien, wird aber auch verwendet, um ein entsprechendes Machtverhältnis zwischen anderen Ländern aufzuzeigen. Die ehemaligen Kolonialmächte üben als Industrienationen weiter Einfluss auf die ehemaligen Kolonien aus, welche vor allem zum Globalen Süden gehören, indem sie diese mit ungünstigen Handelsbedingungen ausbeuten oder Arbeit nicht leistungsgerecht vergüten.[12]

Durch die imperiale Lebensweise lagert der Globale Norden die wahren Kosten für seinen Lebensstil aus. Was es mit

»wahren Kosten« auf sich hat, kannst du im Kapitel zur *True Cost Initiative* genauer nachlesen. Kurz und knapp bedeutet das aber, dass die Produktion von Gütern nicht nur betriebswirtschaftlich relevante Kosten verursacht.[13]

Ein Beispiel: Um ein Armband aus Gold zu produzieren, muss das Edelmetall zunächst abgebaut werden. Das passiert oft in Minen, die sich im Globalen Süden befinden. Dafür wird unter anderem Zyanid oder Quecksilber eingesetzt, das sowohl für die menschliche Gesundheit als auch für die Umwelt schädlich ist.[14] Wenn Arbeiter*innen sich nun, weil sie durch unzureichenden Arbeitsschutz den Chemikalien ausgesetzt sind, mit dem Quecksilber »vergiften«, kann das zu weitreichenden gesundheitlichen Konsequenzen oder sogar zum Tod führen. Die dadurch entstehenden Kosten fallen im Gesundheitssystem des jeweiligen Landes an, obwohl sie durch den Abbau des Goldes für den Globalen Norden verursacht wurden. Diese Kosten werden aber bei der Kalkulation des Preises nicht berücksichtigt. Ähnlich sieht es mit Kosten aus, die durch Umweltverschmutzung entstehen und die dann vom Staat (und somit allen Steuerzahler*innen) getragen werden müssen – zum Beispiel, wenn dadurch Felder verunreinigt werden und der Staat Hilfen oder Ersatzlieferungen finanziert.

Exkurs: Grüner Kolonialismus

Eng verwandt mit dem Konzept der imperialen Lebensweise ist der grüne Kolonialismus. Nur, dass dieser sich noch viel stärker auf die Klimakrise bezieht.[15]

WAS IST KOLONIALISMUS?

Vielleicht hast du schon einmal gehört, dass Kolumbus Amerika entdeckt habe – das ist aber falsch, denn hier lebten ja mit den amerikanischen Ureinwohner*innen bereits Menschen. Die Europäer*innen *besetzten* Amerika, aber auch viele afrikanische und südamerikanische Länder und beanspruchten sie für sich. Diesen Anspruch setzten sie auch mithilfe von Waffen durch. Die dort eigentlich heimischen Völker wurden versklavt und ausgebeutet. Dieses Verhalten bezeichnet man als Kolonialismus.

»Fast alle Rohstoffe, die für grüne Technologien benötigt werden, sind konfliktbehaftet. Ökonomische, ökologische sowie Menschenrechte werden im Globalen Süden für einen schnittigen E-Roller, der durch Berlin-Mitte cruist, einfach mal aus dem dreifach verglasten Fenster geworfen. Dieses Phänomen wird als grüner Kolonialismus bezeichnet. Die Mittel heiligen den Zweck. Eine nachhaltige Batterie für ein Menschenleben.«[16]
Ciani-Sophia Hoeder, Journalistin und Gründerin RosaMag[17]

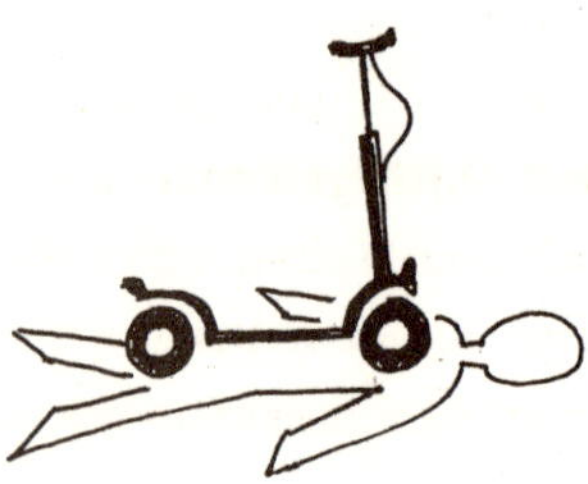

Die Kritik am grünen Kolonialismus prangert an, dass die Rohstoffe für viele der Technologien, die der Globale Norden als Schlüssel im Kampf gegen die Klimakrise identifiziert hat, unter ausbeuterischen Verhältnissen im Globalen Süden abgebaut werden. Ein Beispiel: Die Batterien für E-Autos enthalten in der Regel die chemischen Elemente Lithium und Kobalt. Zwei Drittel der Lithium-Vorkommen weltweit befinden sich in nur drei südamerikanischen Ländern, nämlich Chile, Argentinien und Bolivien.[18] Besonders Lithium gilt als »weißes Gold«. Rund 10 Kilogramm des Rohstoffs werden für eine einzige Autobatterie benötigt. Um Lithium zu gewinnen, wird Natriumhydroxid eingesetzt – ein Stoff, der die örtlichen Trinkwasserquellen verunreinigt.[19] Das stellt die Menschen vor Ort vor ein riesiges Problem, da sie keinen Zugang zu alternativen Wasserquellen haben.

Kobalt wiederum stammt zu großen Teilen aus der Demokratischen Republik Kongo – einem Land, das seit Jahren vom Bürgerkrieg geprägt ist.[20] Rund 20 Prozent des Abbaus findet dort in kleinen Minen statt.[21] Während sich bei den großen Minen weitestgehend an Arbeitsschutzbestimmungen gehalten wird, sieht das bei den kleinen Minen anders aus. Hier werden Menschen meist schlecht bezahlt und arbeiten unter lebensgefährlichen Bedingungen, da die Stollen oft nicht ausreichend gesichert sind und einstürzen können – und das bei einem Gehalt, das weit unter dem Mindestlohn liegt. Laut einer Studie der Bundesanstalt für Geowissenschaften und Rohstoffe profitieren vor allem Menschen aus dem Ausland von der Ausbeutung im Kongo: neben großen internationalen Konzernen seien das als Zwischenhändler etwa Chines*innen, Inder*innen und Libanes*innen.[22]

So werden koloniale Strukturen »für den guten Zweck« bzw. eine vermeintlich nachhaltige Entwicklung erhalten. Und zwar nur deshalb vermeintlich, weil wir ja bereits gelernt haben, dass Nachhaltigkeit bedeutet, die Bedürfnisse aller Menschen zu befriedigen – und nicht nur einiger weniger auf Kosten der anderen. Die soziale Dimension von Nachhaltigkeit wird bei diesem Ansatz völlig außer Acht gelassen. Echte nachhaltige Entwicklung kann nur dann stattfinden, wenn unsere Lösungsansätze für die Klimakrise (wie E-Autos, Solarzellen & Co.) nicht dafür sorgen, dass ausbeuterische Strukturen erhalten bleiben.

Green Economy und alles wird gut?

So, wie wir bislang gewirtschaftet haben, kann es also nicht weitergehen, weil wir ansonsten Mensch und Umwelt ausbeuten und dabei früher oder später an die planetaren Belastungsgrenzen stoßen werden. Das hat auch die UN erkannt und schon 2012 bei der Konferenz der Vereinten Nationen über nachhaltige Entwicklung (UNCSD) in Rio de Janeiro[23] das Konzept der *Green Economy* als neues Leitbild vorgestellt und diskutiert.[24] Das Ziel der *Green Economy* ist ein Wirtschaftssystem, das die natürlichen Ressourcen schont und gleichzeitig sozial verträglich ist. Um dieses Ziel zu erreichen, soll die ganze Wirtschaft ökologisch modernisiert werden – zum Beispiel, indem Ökostrom als Energiequelle dient. Das soll nachhaltiges Wirtschaftswachstum ermöglichen.

Das Problem: Dahinter steckt die Idee, dass eine absolute Entkopplung von Wirtschaftswachstum und Treibhausgas-Emissionen möglich ist. Dafür gibt es aber keine Belege.[25, 26] Auf der anderen Seite gibt es ausreichend Anhaltspunkte, die die These stützen, dass unendliches, »grünes« Wirtschaftswachstum unseren Fortschritt sogar eher behindern als fördern könnte. Das wäre zum Beispiel dann der Fall, wenn das Wirtschaftswachstum die Effizienzsteigerungen aussticht (Stichwort: Rebound-Effekt).[27] Hinzu kommt, dass unser aktuelles Wirtschaftssystem Anreize für Unternehmen setzt, ihre Kosten zu drücken und vor allem auf die Maximierung des Profits zu gucken – es ist auf Konkurrenz und Wachstum ausgerichtet. Deshalb bezweifeln immer mehr Menschen, die sich mit der sozial-ökologischen Transformation unserer Wirtschaft auseinandersetzen, dass es ausreichen wird, unserem aktuellen System einen grünen Anstrich zu verpassen.[28] Sie fordern, dass wir Wirtschaft gänzlich neu denken.

Neue Ideen für unsere Wirtschaft und Gesellschaft

Es gibt viele unterschiedliche Ansätze und Meinungen dazu, wie wir unsere Wirtschaft und Gesellschaft umgestalten müssen, damit sie nachhaltig wird – und zwar im sozialen, ökologischen und ökonomischen Sinne. Diese Umgestaltung ist essenziell, damit Nachhaltigkeit tatsächlich gelebt werden kann.

Die Postwachstumsökonomie steht dabei für die Frage: Was, wenn die Wirtschaft einfach nicht mehr wächst? Was passiert dann? Die Vertreter*innen dieser Idee plädieren dafür, dass die Wirtschaft vor allen Dingen eines loswerden muss – den Zwang zu wachsen. Die Gemeinwohlökonomie hingegen fordert, dass die Wirtschaft sich vom Ziel der Maximierung der Gewinne abwendet und sich stattdessen der Maximierung des Gemeinwohls widmet.[29] Die *True Cost Initiative* wiederum steht für einen ganz anderen Ansatz: Hier geht es darum, die wahren Kosten, die die Produktion von Gütern verursacht, sichtbar zu machen. Das betrifft zum Beispiel die Folgekosten, die dem Staat und damit allen Steuerzahler*innen durch Umweltverschmutzung entstehen.[30]

Dies sind nur drei von zahlreichen Ideen und Ansätzen dazu, wie wir unsere Wirtschaft nachhaltiger gestalten können. Aber sie helfen uns zu verstehen, wie eine Transformation, also eine richtig tiefgreifende Veränderung unserer Wirtschaft und Gesellschaft, ablaufen könnte. Deshalb schauen wir uns diese drei Ansätze auf den folgenden Seiten genauer an.

Was, wenn die Wirtschaft einfach nicht mehr wächst? (Postwachstumsökonomie)

Die Postwachstumsökonomie kann als Gegenentwurf zum gegenwärtigen Wachstumszwang unserer Wirtschaft verstanden werden. Die Grundannahme der Postwachstumsökonom*innen lautet nämlich: In einer Welt mit begrenzten Ressourcen kann es kein unendliches Wirtschaftswachstum geben. Ideen wie solchen der *Green Economy* wird so eine Absage erteilt. Die zentrale Forderung der Postwachstumsökonom*innen steckt schon im Namen der Bewegung selbst – Postwachstum bedeutet nämlich »nach dem Wachstum«. Es geht also darum, eine Wirtschaft zu schaffen, die die Bedürfnisse der Menschen befriedigt, ohne ständig wachsen zu müssen. Genauer gesagt geht es Postwachstumsökonom*innen darum, dass das BIP (Bruttoinlandsprodukt) eines Landes nicht mehr wächst.[31]

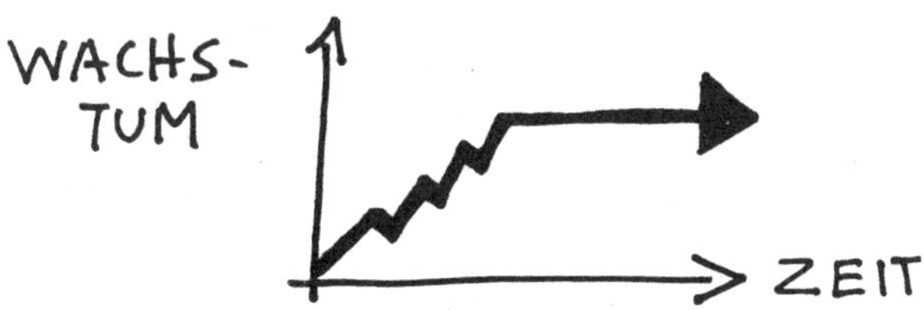

WAS IST DAS BIP?

Das BIP (Bruttoinlandsprodukt) wird oft genutzt, um zu beschreiben, wie es um den wirtschaftlichen Wohlstand eines Landes oder eines Staatenverbundes wie der Europäischen Union bestellt ist.[32] Das BIP ist die Summe aller Güter und Dienstleistungen, die innerhalb eines Jahres in einem Land produziert werden. Je mehr produziert wird, desto höher also das BIP. Ländern mit einem hohen BIP, so die Annahme, geht es wirtschaftlich gut.[33]

Das BIP als »Maß aller Dinge« wird aber auch kritisch gesehen. Beispiel Irland: Da dort nur geringe Körperschaftssteuern gezahlt werden müssen, haben viele große Unternehmen dort ihren europäischen Hauptsitz, zum Beispiel Google. Dadurch wird das irische BIP stark verzerrt.[34] Das BIP wird außerdem kritisiert, weil unbezahlte Arbeiten, wie zum Beispiel Sorgearbeiten, hier nicht berücksichtigt werden. Wie gut es den Menschen in einem Land geht, kann man also nicht allein am BIP ablesen.[35]

Der wohl bekannteste Postwachstumsökonom in Deutschland ist Niko Paech, der als Professor an der Universität Siegen lehrt[36] und schon seit Mitte der 2000er-Jahre zu diesem Thema arbeitet.[37] Aus Paechs Sicht sprechen vor allem vier Gründe dafür, dass eine Postwachstumsökonomie alternativlos ist[38]:

1. Es gibt keine Belege dafür, dass es möglich ist, Wirtschaftswachstum und ökologische Schäden zu entkoppeln. Das heißt: Wenn die Wirtschaft weiterwächst, werden auch die ökologischen Schäden zunehmen.

2. Die Lebenszufriedenheit oder auch das Glück eines Menschen wächst nur bis zu einem gewissen Grad mit seinem Einkommen bzw. Konsum.

3. Die Argumentation, dass Wachstum immer auch Hunger und Armut bekämpft und für mehr Verteilungsgerechtigkeit sorgt, geht für Paech nicht auf. Vielmehr besteht aus seiner Sicht die Gefahr, dass Wachstum genau diese unerwünschten Nebeneffekte produziert.

4. Wirtschaftswachstum stößt irgendwann an ökonomische Grenzen. Wenn sich die Nachfrage nach bestimmten Ressourcen plötzlich enorm steigert, so Paech, kommt es zu einer entsprechenden Verknappung und Verteuerung dieser Ressourcen, wodurch die Wachstumswirtschaft sich im Endeffekt selbst im Weg steht.

Aus diesen Gründen schlägt Paech vor, dass wir unsere Wirtschaft und Gesellschaft in fünf Schritten im Sinne der Postwachstumsökonomie umbauen. Aus seiner Sicht ist es dafür wichtig, dass wir neben unseren Versorgungs- und Produktionsmustern auch unseren Lebensstil verändern. Außerdem sei auf institutioneller Ebene ein Wandel im Umgang mit Geld und Boden wichtig.

Die fünf Entwicklungsschritte auf dem Weg zur Postwachstumsökonomie nach Paech (2009)

1. Suffizienz: Das richtige Maß finden

Das Konzept der Suffizienz hast du bereits am Anfang dieses Buches kennengelernt. Es geht darum, dass wir als Gesellschaft das richtige Maß finden: Was brauchen wir, um die Bedürfnisse aller Menschen zu befriedigen? Welcher Konsum ist überflüssig, wird eigentlich nicht gebraucht und verbraucht deshalb »umsonst« wichtige Ressourcen?

2. Subsistenz: Balance zwischen Selbst- und Fremdversorgung

Momentan ist die Mehrheit der Menschen quasi ausschließlich fremdversorgt, weshalb eine Wirtschaft, die nicht mehr wächst, ihre Lebensgrundlage gefährdet. Paech plädiert deshalb dafür, dass die Menschen eine neue Balance zwischen Selbst- und Fremdversorgung finden müssen. Als Beispiele für diesen Entwicklungsschritt nennt er Tauschringe, Community-Gärten, Verschenkmärkte und Netzwerke der Nachbarschaftshilfe.

3. Regionalökonomie

Aus Paechs Sicht ist es außerdem wichtig, dass wieder stärker regional gewirtschaftet wird. Die Regionalwirtschaft befindet sich dabei zwischen den beiden Extremen »Selbstversorgung« und »(globale) Fremdversorgung«. Deshalb wären zum Beispiel Regionalwährungen eine gute Idee, um die Kaufkraft der Menschen wieder stärker regional zu binden.

4. Stoffliche Nullsummenspiele

Im vierten Schritt geht es darum, den Teil des Konsums zu verändern, der sich weder einstellen (Suffizienz) noch durch lokale oder regionale Versorgungsstrukturen ersetzen lässt. Als wichtige Schlagworte nennt Paech zum Beispiel die Verlängerung der Nutzungsdauer oder auch die Reparatur. Gemeint ist, dass Produkte so konstruiert werden müssen, dass sie lange genutzt werden und anschließend repariert werden können. So soll insgesamt deutlich weniger neu produziert werden müssen.

5. Institutionelle Innovationen

Unser aktuelles System ist auf vielen Ebenen darauf ausgerichtet, dass Wachstum stattfindet. Paech schlägt deshalb als fünften Entwicklungsschritt institutionelle Innovationen vor, die den Wachstumszwang insgesamt abmildern sollen. Dazu zählen zum Beispiel die Einführung neuer Unternehmensformen, die die Gewinndynamik dämpfen[39], der Abbau von Subventionen, die zu ökologischen Schäden führen, oder auch individuelle CO_2-Kontingente, die mit dem Zwei-Grad-Ziel vereinbar sind.

Für alle nur das Beste (Gemeinwohl-Ökonomie)

Die Gemeinwohl-Ökonomie (GWÖ) versteht sich als Gegenbewegung zum Kapitalismus, denn der ist aus Sicht der GWÖ für alle drängenden Herausforderungen unserer Zeit verantwortlich – so zum Beispiel auch für die Klimakrise, das Artensterben und die größer werdende Kluft zwischen Arm und Reich. GWÖler*innen teilen die Auffassung, dass die Folgen des Kapitalismus nur ganzheitlich und durch einen Systemwandel gelöst werden können – und genau dieses Alternativ-System soll die Gemeinwohl-Ökonomie sein.

Anstelle des Wohls eines Einzelnen steht bei der Gemeinwohl-Ökonomie das Wohl aller im Mittelpunkt. Das Ziel von Unternehmen darf es demnach nicht sein, nur ihren Gewinn zu steigern, stattdessen sollten sie durch ihr Handeln vor allem für mehr Gemeinwohl sorgen. Was Gemeinwohl genau bedeutet, lässt die Bewegung dabei bewusst offen.[40] Sie finden, dass von Generation zu Generation neu bestimmt werden muss, was genau der Begriff meint. Allerdings könne man aus der Gemeinwohl-Matrix ablesen, welche Aspekte aus Sicht der Bewegung im Moment wichtig seien.[41]

Die Gemeinwohl-Matrix ist auch gewissermaßen das »Herzstück« der Bewegung und sorgt dafür, dass die Idee der Gemeinwohl-Ökonomie überhaupt Realität werden kann. Mehr als 1000 Unternehmen und Kommunen lassen heute schon auf Basis der Gemeinwohl-Matrix alle zwei Jahre eine Gemeinwohl-Bilanz erstellen.[42] Diese gibt tiefe Einblicke in das Unternehmen und ermöglicht es, in regelmäßigen Abständen zu kontrollieren, ob und inwiefern ein Unternehmen seinen Beitrag zum Gemeinwohl gesteigert hat.

Die Gemeinwohl-Matrix besteht aus Werten und Berührungsgruppen. Die Werte lauten Menschenwürde, Solidarität und Gerechtigkeit, ökologische Nachhaltigkeit sowie Transparenz und Mitentscheidung. Bei der Erstellung der Gemeinwohl-Bilanz werden diese Werte für die fünf Berührungsgruppen – Lieferant*innen, Eigentümer*innen und Finanzpartner*innen, Mitarbeiter*innen, Kund*innen und Mitunternehmen sowie das gesellschaftliche Umfeld eines Unternehmens – jeweils genauer betrachtet. Für die Gemeinwohl-Bilanz müssen Unternehmen also offenlegen, wie sie es zum Beispiel mit Menschenwürde in der Zulieferkette halten oder ob sie ihr Geld nach sozial-ökologischen Kriterien investieren.

Bei der Gemeinwohl-Bilanzierung kann ein Unternehmen maximal 1000 Punkte erhalten, aber schon ab 300 Punkten gilt ein Unternehmen als vorbildlich.[43] Das liegt mit daran, dass Unternehmen bei der Bilanzierung auch Minus-Punkte sammeln können.[44] Zu den Unternehmen, die mehr als 300 Punkte erhalten haben, gehören zum Beispiel der Getränkeproduzent Voelkel und der Lebensmittelhersteller Sonnentor.

WIE WICHTIG IST DIR DAS GEMEINWOHL?

Wie nachhaltig und solidarisch lebst du eigentlich im Moment? Und wie wichtig sind dir Gerechtigkeit, Menschenwürde und demokratische Mitbestimmung? Das kannst du online im Selbsttest der Stiftung Gemeinwohl-Ökonomie NRW herausfinden. Scanne einfach den QR-Code und schon kommst du zum Test.

Ein Name, den man im Kontext der Gemeinwohl-Ökonomie auf jeden Fall gehört haben sollte, ist Christian Felber. Der Österreicher ist der Initiator der GWÖ. In seinem Grundlagen-Werk »Gemeinwohl-Ökonomie« beschreibt er einerseits die Grundlagen der GWÖ, aber auch, wie die einzelnen Teile der Bewegung Schritt für Schritt dafür sorgen, dass ein Systemwechsel stattfindet.[45, 46] Er unterscheidet dabei zwischen Pionier*innen auf wirtschaftlicher, politischer und kultureller Ebene, die die Gemeinwohl-Ökonomie durch ihre Bilanzen real werden lassen, und Akteur*innen, die durch ihre Arbeit genau das ermöglichen. Gemeint sind zum Beispiel Redakteur*innen, die die Bilanzen verfassen, oder auch Botschafter*innen, die die GWÖ bekannt machen. Zusammen, so Felber, werden auf diese Weise regionale »Energiefelder« gebildet, in denen gemeinsam an der konkreten Umsetzung der GWÖ gearbeitet wird. Dazu gehört zum Beispiel das Kontaktieren und Motivieren weiterer, lokaler Pionier*innen, damit die Zahl der gemeinwohl-bilanzierten Unternehmen und Gemeinden wächst.[47] So, hofft Felber, könnte sich eine ähnliche Systemdynamik entfalten wie beim Kapitalismus, nur dass die Kreativität, Professionalität und Motivation eben nicht auf die Optimierung und Maximierung des Profits abzielt, sondern auf die Steigerung des Gemeinwohls.

Den wahren Preis zahlen (*True Cost Accounting*)

Wenn du in den Supermarkt gehst, wirst du in der Regel feststellen, dass fair gehandelte und biologisch produzierte Lebensmittel teurer als konventionelle Lebensmittel sind.[48] Das liegt daran, dass bei diesen Produkten die Kosten für Lohn und Anbau durch die umwelt- und sozialverträgliche Arbeitsweise im Allgemeinen höher sind. Denn im Bio-Anbau sind die Erträge meist niedriger und eine faire Produktion geht mit erhöhten Lohnkosten einher. Das Problem: Bei dieser Rechnung wird ein entscheidender Posten vergessen, nämlich die Kosten, die der Allgemeinheit durch den umwelt- und sozialschädlichen Anbau von herkömmlichen Produkten entstehen. Anstatt sie auf den Preis aufzuschlagen, werden diese Kosten nach aktuell gängiger Praxis ausgelagert. Man spricht in diesem Zusammenhang von externalisierten oder externen Kosten.[49] Das bedeutet, dass sie vom Produzenten der Produkte verursacht, aber von der Gesamtgesellschaft getragen werden. Dadurch können herkömmliche Produkte momentan günstiger im Handel angeboten werden als nachhaltige Alternativen.

Externe Kosten der deutschen Landwirtschaft (2017)

Eine Studie der *Boston Consulting Group* hat berechnet, dass die deutsche Landwirtschaft im Jahr 2017 externalisierte Kosten in Höhe von rund 90 Milliarden Euro verursacht hat. Dem gegenüber stehen 21 Milliarden Euro Bruttowertschöpfung durch deutsche Landwirt*innen. Als Wertschöpfung bezeichnet man den Gewinn, der erwirtschaftet wird. Man berechnet ihn, indem man von der Summe, die z. B. ein Landwirt durch den Verkauf seiner Lebensmittel einnimmt, die Kosten abzieht, die für das Saatgut, die Traktoren und die Arbeitskräfte eingesetzt wurden.[50] Die Forscher*innen haben für ihre Untersuchung eine große Menge anderer Studien herangezogen und vor allem die Kosten für die Bereiche Klima und Luft, Boden, Wasser und Tierhaltung berücksichtigt. Es wurden also nicht alle Bereiche, die externalisierte Kosten verursachen, betrachtet. Außerdem, so die Autor*innen, haben sie konservativ gerechnet. Das bedeutet, dass davon auszugehen ist, dass die externen Kosten in Wirklichkeit noch höher liegen. Die Studie gibt aber eine erste Idee von der Größenordnung der externen Kosten, die die deutsche Landwirtschaft pro Jahr verursacht.[51]

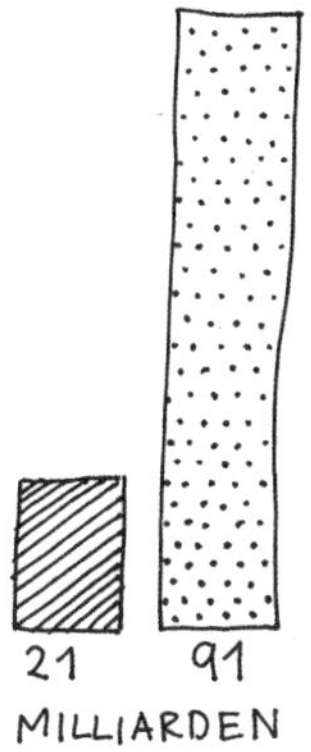

Ein Beispiel: Wenn durch den Düngemitteleinsatz der industriellen Landwirtschaft mehr Nitrat ins Grundwasser gelangt, müssen Verbraucher*innen mehr für ihr Trinkwasser zahlen oder die Steuerzahler*innen Mittel für die Aufbereitung des Wassers und den Erhalt der Biodiversität berappen.[52] Die Kosten, die durch die Landwirtschaft entstehen, werden also nicht von den Verursacher*innen getragen, sondern von allen – die Kosten wurden ausgelagert.

Kritiker*innen dieser aktuellen Praxis argumentieren, dass diese Form der Rechnungslegung dafür sorgt, dass langfristig die Lebensgrundlagen heutiger und zukünftiger Generationen gefährdet oder sogar zerstört werden. Sie fordern daher, dass *True Cost Accounting* Teil der Rechnungslegung werden muss.[53] *True Cost Accounting* (»Wahre-Kosten-Rechnung«) ist eine Methode, mit der die wahren Kosten eines Produktes oder einer Dienstleistung berechnet werden können. Dazu gehören neben den Kosten für

Produktion und Transport auch die ökologischen und sozialen Folgekosten.[54]

Man spricht in diesem Zusammenhang auch von Kosten, die aus der Nutzung von Natur- und Humankapital entstehen. Kosten, die aus dem Naturkapital entstehen, umfassen zum Beispiel die Verschmutzung der Atmosphäre durch Treibhausgase. Kosten aus Humankapital wären beispielsweise Folgekosten, die durch Kinderarbeit entstehen. Dabei ist es sehr kompliziert zu berechnen, wie hoch die externalisierten Kosten sind, die durch nicht-nachhaltige Praktiken entstehen. Bei Kinderarbeit entstehen die Kosten zum Beispiel dadurch, dass die Kinder infolge ihrer Arbeit weniger bis keine Bildung erhalten und dadurch nicht ihr volles wirtschaftliches Potenzial entfalten können. Sie entstehen aber eben auch dadurch, dass diese Kinder wahrscheinlich körperlich betrachtet häufiger krank sein werden – vor allem, wenn sie in gefährlichen Umgebungen wie Minen arbeiten und mit schädlichen Chemikalien in Kontakt kommen.

2019 versuchte sich eine Initiative aus Unternehmen, NGOs, Wirtschaftsprüfungsgesellschaften und Wissenschaftler*innen daran, ein Handbuch zu entwickeln, das eine ganzheitliche und transparente Berichterstattung über die ökologischen, sozialen und gesundheitlichen Auswirkungen von Unternehmen ermöglicht.[55] Das Ergebnis der »True Cost – From Costs to Benefits in Food and Farming«-Initiative ist ein Methodenkatalog zum *True Cost Accounting* im Lebensmittelsektor. Die Autor*innen hoffen, so vor allem Entscheidungsträger*innen aus der Politik erreichen zu können. Das Handbuch könnte ihnen dabei als Hilfe dienen, *True Cost Accounting* bei künftigen Reformen der Rechnungslegung zu berücksichtigen.[56]

WAS BEDEUTET »RECHNUNGSLEGUNG«?

Unternehmen sind dazu verpflichtet, ihre Einnahmen und Ausgaben zu dokumentieren. Das ist vor allem deshalb notwendig, um am Ende festlegen zu können, wie hoch die Steuern sind, die ein Unternehmen an den Staat zahlen muss. Wichtig ist dabei, dass die Unternehmen nicht nur tabellarisch auflisten, was sie eingenommen und ausgegeben haben, sondern auch die entsprechenden Belege aufbewahren. Dieses System wird Rechnungslegung genannt. In der Regel wird am Ende des Jahres eine Bilanz gezogen, indem die Ausgaben und die Einnahmen gegengerechnet werden.[57]

Auch die Hilfsorganisation *Misereor* war Teil der Initiative und fordert, dass die wahren Kosten, die die Produktion von Waren und Dienstleistungen verursacht, Teil der Rechnungslegung von Unternehmen werden müssen.[58] Das Hilfswerk schlägt dafür im ersten Schritt vor, zumindest die sich finanziell ergebenden externen Kosten in der Bilanzierung des Unternehmens zu berücksichtigen. Hintergrund ist, dass die günstigere Produktion erst einmal für eine Vergrößerung des Gewinns sorgt. Wenn man aber die externen Kosten mitrechnet, die das Unternehmen verursacht, wird dieser Gewinn kleiner. So kann eine genauere Aussage über den wirtschaftlichen Erfolg eines Unternehmens getroffen werden.

In einem zweiten Schritt könnten dann in einer »erweiterten Stakeholder-Bilanz« belastbare Nachhaltigkeitsabschätzungen zu aktuellen und künftigen externen Kosten getroffen werden. Dazu zählen zum Beispiel Kosten, die durch Bodenerosion oder die Verknappung von Wasser entstehen. Außerdem sollen Maßnahmen, die das Unternehmen insgesamt zukunftsfähiger machen, positiv in die Rechnungslegung einfließen, wie zum Beispiel Geld, das in den Ausbau nachhaltiger Vertriebswege investiert wird. Darüber hinaus fordert die Organisation eine Reform der Unternehmens- bzw. Körperschaftsteuer, um Entlastungen für Unternehmen zu ermöglichen, die durch ihre Art zu wirtschaften ökologische und soziale Leistungen erbringen.

True Cost Accounting könnte so dafür sorgen, dass es sich für Unternehmen finanziell schlichtweg nicht mehr »lohnt«, nicht-nachhaltig zu handeln. Gleichzeitig könnten faire und nachhaltige Produkte preislich günstiger werden, wenn Unternehmen, die ökologische und soziale Leistungen erbringen, tatsächlich weniger Steuern zahlen müssten.

Das wäre wünschenswert für uns alle, denn momentan sind faire und nachhaltige Kaufentscheidungen leider oft noch eine Frage des Preises.

Pläne der Politik

Von den drei vorgestellten Ansätzen scheint das *True Cost Accounting* derjenige zu sein, den die Politik anvisiert. Die Koalition aus SPD, Grünen und FDP hat sich zumindest im Koalitionsvertrag (2021–2025)[59] auf europäischer Ebene vorgenommen, »ökologische und gegebenenfalls soziale Werte [...] im Dialog mit der Wirtschaft in bestehende Rechnungslegungsstandards [zu] integrieren«.[60] Bisher liegt zu diesem Thema aber kein Gesetzesentwurf vor.

Eine Initiative aus der Wirtschaft zu diesem Thema gibt es allerdings schon seit 2019: die *Value Balancing Alliance e.V.* (VBA). Ihre Pläne geben einen Hinweis darauf, wie sich Teile der Wirtschaft, mit denen die Regierung in den Dialog treten möchte, eine neue Form der Rechnungslegung vorstellen. Zu den Mitgliedern gehören große Unternehmen wie die Deutsche Bank und Porsche, Rückendeckung erhält die Allianz zum Beispiel vom *World Economic Forum*.

Die VBA versucht, sowohl die positiven als auch die negativen Einflüsse (»Wertbeiträge«) eines Unternehmens auf Umwelt und Gesellschaft in Geldwerte umzurechnen. Zu den positiven Werten zählen nach VBA zum Beispiel Gewinne, Steuerzahlungen oder Lohnzahlungen[61], zu den negativen Werten hingegen Umweltverschmutzung oder auch Unfälle. Die Allianz geht davon aus, dass diese Beiträge sich

1:1 in menschliches Wohlergehen umwandeln und gegeneinander verrechnen lassen.[62]

Der Ansatz der VBA wird allerdings von verschiedenen Organisationen wie dem WWF oder Germanwatch kritisch gesehen.[63] Sie argumentieren, dass der Ansatz vier wesentliche Grundprinzipien außer Acht lässt, die aus ihrer Sicht nötig sind, damit Nachhaltigkeit sinnvoll in die Rechnungslegung integriert werden kann. Dazu zählen:

1. Die planetaren Belastungsgrenzen der Erde werden zentral berücksichtigt.

2. Der Ansatz ist zukunftsgerichtet, wissenschaftsbasiert und klar an gesellschaftlichen Zielen orientiert. Diese sind insbesondere im Pariser Abkommen und in den Nachhaltigkeitszielen der Vereinten Nationen festgehalten.

3. Valide und zukunftsorientierte Kriterien ermöglichen die Anwendung als praktikables Steuerungswerkzeug (Entscheidungsrelevanz).

4. Die Menschenrechte sind fundamentaler Bezugspunkt.

Keines dieser Prinzipien werde vom VBA-Ansatz ausreichend erfüllt.[64] Es bleibt also spannend, ob und wie die Regierung es schaffen wird, bis 2025 nachhaltige und soziale Werte in der Rechnungslegung zu verankern.

TEIL 3: LASST UNS HANDELN!

Das war jetzt erst mal viel Theorie. Aber irgendwie geht es auch nicht ohne, wenn man verstehen will, warum eigentlich so viel über Nachhaltigkeit diskutiert wird. Und vor allem, warum wir in vielen Bereichen ganz neu denken müssen. Vielleicht bist du jetzt schon richtig angefixt und hast Lust, so richtig etwas in deinem Alltag zu verändern, um ein bisschen nachhaltiger zu leben. Vielleicht traust du dir auch nur einen kleinen ersten Schritt zu. Keine Sorge, du musst nicht von heute auf morgen dein ganzes Leben auf den Kopf stellen. Es gilt: Lieber anfangen und lange dabeibleiben, als alles einhundert Prozent perfekt umzustellen und vielleicht schon nach kurzer Zeit die Lust am nachhaltigen Handeln zu verlieren. Denn dadurch hat niemand etwas gewonnen! Jeder Schritt ist wichtig, jeder Schritt zählt. Deshalb findest du in diesem Teil des Buches verschiedene Tipps und Strategien aus vielen Lebensbereichen, aus denen du dir aussuchen kannst, was für dich gerade umsetzbar ist.

Aber die Verantwortung, die Welt zu retten, liegt nicht allein auf deinen Schultern. Es ist vor allem wichtig, dass die Politik die Weichen stellt, damit unsere Gesellschaft sich nachhaltig entwickeln kann. Falls du zu denjenigen gehörst, die sich gerne politisch einbringen, dann wirst du im nächsten Kapitel auch einige Anregungen dazu finden, was du tun kannst, um selbst Politik zu machen.

Außerdem haben wir im zweiten Teil des Buches viel über unsere Wirtschaft gelernt, die ebenfalls ein entscheidender Hebel sein wird, wenn es darum geht, eine nachhaltige Gesellschaftsform zu schaffen. Für dich steht wahrscheinlich in wenigen Jahren eine der größten Entscheidungen deines Lebens an: nämlich die, welchen Beruf du ergreifen möchtest. Damit wirst auch du aktiver Teil unseres Wirtschaftssystems und hast die Möglichkeit, dieses umzugestalten. Und zwar ganz egal, was du machst.

Und jetzt: Lass uns durchstarten! Denn Wandel kommt vom Handeln.

Politisch aktiv werden

Wie schon angedeutet: Die Weichen für eine nachhaltige Entwicklung und auch für den Umbau unserer Wirtschaft und Gesellschaft werden von der Politik gestellt. Du musst aber nicht erst Innenminister*in werden, um politisch etwas bewegen zu können. Im Gegenteil: Es gibt viele unterschiedliche Arten und Weisen, wie man seine Stimme politisch nutzen kann. Und zwar auch, wenn man noch zu jung ist, um zu wählen.

Petition unterschrieben! Und nun?

Wahrscheinlich bist auch du schon in den sozialen Medien über die Aufforderung gestolpert, eine Petition zu unterschreiben. Es gibt sie zu so ziemlich jedem Thema. Dabei handelt es sich um eine Bitte oder Beschwerde, die in der Regel an eine öffentliche Stelle, wie zum Beispiel den Bundestag, gerichtet wird. In Deutschland hat jede*r das Recht, eine Petition zu starten. Das ist sogar in unserem Grundgesetz verankert:

> »Jedermann hat das Recht, sich einzeln oder in Gemeinschaft mit anderen schriftlich mit Bitten oder

Beschwerden an die zuständigen Stellen und an die Volksvertretung zu wenden.«
– Artikel 17, GG[1]

Heute muss man dafür nicht mehr von Tür zu Tür gehen oder auf dem Marktplatz ausharren, um Unterschriften zu sammeln, sondern kann ganz bequem online eine Petition erstellen. Dafür gibt es grundsätzlich zwei Wege: einmal über das offizielle Portal des Petitionsausschusses des Bundestages oder über inoffizielle Petitions-Plattformen. Beide Wege haben Vor- und Nachteile.

Wer über die offizielle Plattform des Petitionsausschusses des Bundestages eine Petition erstellt und damit zum Petenten wird (so nennt man Personen, die eine Petition einreichen), der muss innerhalb von vier Wochen 50 000 Unterschriften sammeln, damit sein Anliegen in einer öffentlichen Anhörungssitzung des Ausschusses diskutiert wird.[2] Der Vorteil: Die Ausschüsse müssen alle eingehenden Petitionen prüfen. Wenn ein Anliegen tatsächlich diskutiert wurde und alle Anforderungen erfüllt, wird es an die zuständigen Stellen weitergeleitet und landet schließlich auf dem Tisch derjenigen, die tatsächlich eine Entscheidung treffen können. Der Nachteil: Es müssen sehr viele formale Vorgaben beachtet werden und es gibt natürlich keine Garantie, dass im Sinne des Petenten entschieden wird. Außerdem muss man in jedem Fall seinen richtigen Namen preisgeben, um die Petition zu starten. Petitionsausschüsse gibt es nicht nur auf Bundes- sondern auch auf Länderebene.[3]

Auf inoffiziellen Plattformen wie *Campact*[4] oder *Change.org*[5] kann man Petitionen mit weniger Aufwand erstellen und dabei anonym auftreten. Außerdem kann man auch Petitionen zu Themen einreichen, die sich nicht an die Politik, sondern zum Beispiel an Unternehmen richten. Allerdings gibt es hier auch kein »Recht auf Beachtung«, wie es beim Petitionsausschuss der Fall ist. Außerdem hat man als Unterzeichner zum Teil keinen Einblick, wer die Petition gestartet hat.[6] Einige Plattformen standen auch schon in der Kritik, weil sie Daten über ihre Nutzer*innen gesammelt und weiterverkauft haben. Das ist beim Bundestag ebenfalls ausgeschlossen.[7] Wie erfolgreich eine Petition ist und ob sich etwas verändert, ist aber – unabhängig davon, auf welchem Weg man sie erstellt – fraglich. Es gibt einige Beispiele für sehr erfolgreiche Petitionen – sie können also durchaus ein Weg sein, der sich lohnt. Mal ganz abgesehen davon, dass Petitionen natürlich auch ein guter Weg sind, um überhaupt erst auf ein Thema aufmerksam zu machen.

Beispiel: Petition für Ende der Tamponsteuer

Petitionen können wirklich etwas bewegen und sogar dafür sorgen, dass Gesetze sich ändern. Ein Beispiel dafür sind zwei Petitionen, die 2019 zur sogenannten »Tamponsteuer« gestartet wurden.

In Deutschland werden grundsätzlich 19 Prozent Mehrwertsteuer erhoben. Für »Produkte des täglichen Gebrauchs« gibt es einen ermäßigten Mehrwertsteuersatz, der bei 7 Prozent liegt. Menstruationsprodukte wurden offiziell nicht zu den Produkten des täglichen Bedarfs gerechnet und deshalb mit 19 Prozent besteuert, was sie insgesamt teurer machte. Die Initiator*innen der Petitionen empfanden das als diskriminierend und gingen deshalb auf Unterschriften-Sammlung. Innerhalb weniger Wochen unterzeichneten insgesamt mehr als 270 000 Menschen beide Petitionen, weshalb der Petitionsausschuss des Bundestages sich mit dem Problem befassen musste. Im Oktober 2019 gab der Bundestag dann bekannt, dass die Steuer tatsächlich gesenkt wird – und zwar ab 2020. Seitdem zahlen wir also den verminderten Umsatzsteuersatz auf Menstruationsprodukte.[8]

Wenn du schon einmal selbst eine Petition unterschrieben hast, dann hast du übrigens »Klicktivismus« betrieben. Der Begriff setzt sich aus den Begriffen »Klick« für im Internet etwas anklicken und Aktivismus zusammen. Man macht sich also per Klick im Netz für eine bestimmte Sache stark. Grundsätzlich ist es eine positive Entwicklung, dass Aktivist*innen sich heute über die sozialen Medien viel unkomplizierter untereinander vernetzen können als in der Zeit vor dem Internet. Aber damit sind auch Gefahren verbunden – zum Beispiel, dass der Aktivismus sich auf Formen des Klicktivismus beschränkt, sich also nicht aktiv mit dem Thema einer Kampagne auseinandergesetzt wird und diese damit keine Wirkung in der analogen Welt entfaltet. Man spricht dann auch von »Slacktivismus«, was sich aus dem englischen Wort *slack* für »bummeln« und Aktivismus zusammensetzt.

Als Negativbeispiel für Slacktivismus und seine Folgen gilt die KONY-Kampagne aus dem Jahr 2012.[9, 10] Die Kampagne wurde damals von *Invisible Children*[11] initiiert und sollte auf die Verbrechen des ugandischen Rebellenführers Joseph Kony aufmerksam machen. Das Ziel war, Kony festnehmen zu lassen. Kritiker*innen der Kampagne argumentieren, dass der gesamte Konflikt in Uganda im Rahmen der Kampagne vereinfacht und verfälscht dargestellt wurde. Die meisten Menschen hat das aber nicht interessiert, sie haben sich nicht mit den Hintergründen der Kampagne auseinandergesetzt – nach weniger als einer Woche hatte die Kampagne mehr als 50 Millionen Aufrufe und unzählige Menschen haben Geld gespendet und die Geschichte ungeprüft geteilt. Durch die Kampagne und das rege Interesse der Slacktivist*innen wurden sogar Entscheidungen im US-Senat beeinflusst.

Das ist gefährlich, weil so auch der Weg für mögliche Fake News frei gemacht wird, die ungeprüft verbreitet werden. Außerdem besteht die Gefahr, dass Aktivismus im Netz für ein »Ich habe mich ja engagiert«-Gefühl sorgt und gewissermaßen verpufft, weil die Forderungen und Anliegen nicht wirklich aktiv in die Politik getragen werden.

Demonstrieren for Future

Ein weiteres »Tool«, das wir nutzen können, um uns politisch einzubringen, sind Demonstrationen. Laut Artikel 8 Absatz 1 Grundgesetz hat jede*r das Recht, »sich ohne Anmeldung oder Erlaubnis friedlich und ohne Waffen zu versammeln«.[12] Dieses Grundrecht nennt man auch Versammlungsfreiheit. Für Veranstaltungen wie Demonstrationen unter freiem Himmel, die öffentlich zugänglich sind, gelten aber einige Regeln. Zum Beispiel müssen sie vorher angemeldet werden, damit beispielsweise der Schutz vor Gegendemonstrant*innen gewährleistet werden kann.[13] Du hast sicher schon einmal beobachtet, dass Demonstrationen in der Regel von Polizist*innen begleitet werden. Sie werden zum Schutz der Demonstrant*innen eingesetzt.

Demonstrationen sind ein ziemlich wirksames Werkzeug, um auf ein Anliegen aufmerksam zu machen – vorausgesetzt, es nehmen genügend Menschen teil. Ein Beispiel für eine Bewegung, die es mit ihren Demonstrationen und Schulstreiks geschafft hat, sehr viel Aufmerksamkeit zu erregen, ist *Fridays for Future*. Besonders zu den globalen Klimastreiks schafft es die Bewegung immer wieder, viele

Menschen auf die Straße zu locken. Beim Streik im September 2019 waren es nach Angaben der Bewegung deutschlandweit 1,4 Millionen Menschen.[14] Zu diesen Großevents sind Vertreter*innen der Bewegung inzwischen medial ziemlich präsent. Die Jugendlichen bzw. jungen Erwachsenen sitzen bei Sandra Maischberger[15], Markus Lanz[16] oder Maybrit Illner[17] – eben bei allen bekannten politischen Talks.

Fridays for Future setzt für die Vorbereitung und die Bewerbung der Streiks übrigens auf Klicktivismus. Vielleicht ist dir schon einmal aufgefallen, dass es unmittelbar vor den Streiks sehr viele Menschen gibt, die ihrem Profilbild in den sozialen Medien ein Banner hinzufügen, auf dem der Streiktermin und das Logo der Bewegung abgebildet sind. Das liegt daran, dass die Bewegung einen eigenen Profilbildgenerator[18] entwickelt hat, mit dessen Hilfe Unterstützer*innen ganz einfach ein solches Profilbild erstellen können. Ziemlich schlau – denn so wird man als User*in immer wieder daran erinnert, wann die Demonstration stattfindet.

Engagieren in Bewegungen & Co

Noch stärker kann man sich politisch einbringen, wenn man die Demonstrationen nicht nur besucht, sondern sie mitorganisiert, weil man sich zum Beispiel in einer Bewegung oder NGO engagiert. NGO steht für »Non-Governmental Organization«, also Nichtregierungsorganisation. Sie zeichnen sich dadurch aus, dass sie ihre Arbeit unabhängig von staatlicher Förderung leisten. Eine sehr bekannte NGO ist zum Beispiel die Umweltschutzorganisation *Greenpeace*.[19]

Wie genau man sich in einer Organisation oder Bewegung einbringt, ist relativ freigestellt. Da das Engagement bis auf wenige Ausnahmen ehrenamtlich ist, gibt es dazu nämlich kaum Regeln – jeder leistet das, was er oder sie leisten kann. Bei besonders großen Organisationen gibt es in der Regel Ortsgruppen, bei denen man sich melden und einen ersten Eindruck von der Arbeit der Organisation bekommen kann. Wenn man für sich entschieden hat, dabeizubleiben, kann man sich für erste Aufgaben melden und dann Schritt für Schritt immer mehr Verantwortung übernehmen. Typische Aufgaben in NGOs oder Bewegungen sind zum Beispiel das Verfassen von (Presse-)Infotexten, die Betreuung von Ständen bei lokalen Aktionen, die Teilnahme an und Leitung von Mitgliederversammlungen oder auch die Organisation der Kooperation mit anderen NGOs. Wie genau die Aufgaben aussehen, das variiert natürlich von Organisation zu Organisation.

Innerhalb der Umweltbewegung gibt es ganz unterschiedliche Organisationen, in die man sich einbringen kann. Dazu zählen neben *Greenpeace* auch der WWF, *Fridays for Future*,

Extinction Rebellion, der NABU, die Deutsche Umwelthilfe, der Bund für Umwelt und Naturschutz oder *Robin Wood*.

Diese Organisationen machen sich in Deutschland für die Umwelt stark (Auswahl)

Greenpeace: Die Organisation wurde 1971 gegründet und setzt sich weltweit für den Schutz der Umwelt ein. Nach eigenen Angaben hat die Organisation allein in Deutschland 620 000 Fördermitglieder.[20] Dadurch kann *Greenpeace* unabhängig von Regierungen, Parteien oder wirtschaftlichen Zwängen arbeiten, worauf die Organisation großen Wert legt. Thematisch ist Greenpeace breit aufgestellt, von Fischfang bis Mode ist alles dabei. Die Organisation gibt auch eigene Studien raus und ist bekannt für provokante Aktionen.[21]

WWF: Das markante Logo mit dem Pandabären kennen wahrscheinlich alle – kein Wunder, denn den WWF gibt es schon seit 1961. Im Fokus steht ganz klar der Naturschutz, zu den wichtigsten Instrumenten gehört deshalb die Ausweisung von Schutzgebieten. Der WWF engagiert sich außerdem für eine umweltverträgliche Nutzung natürlicher Ressourcen. Ein Beispiel dafür ist der *Roundtable on Sustainable Palm Oil* (RSPO)[22], den der WWF mitgegründet hat.[23]

Fridays for Future: Die globale soziale Bewegung wurde 2018 von Greta Thunberg initiiert, die vor dem

Parlament in Schweden streikte. Ihr Schulstreik inspirierte Schüler*innen und Student*innen weltweit dazu, jeden Freitag zu streiken und für das Klima auf die Straße zu gehen.[24] Die jungen Menschen sehen ihre Zukunft durch die Klimakrise bedroht und wenden sich mit ihren Forderungen vor allem an die Politik. Inzwischen gibt es in Deutschland mehr als 600 Ortsgruppen, an den Klimastreiks beteiligen sich zum Teil mehr als eine Million Menschen. Ableger sind zum Beispiel die *Omas for Future*, die *Parents for Future* oder die *Scientists for Future*.[25,26]

Extinction Rebellion: Der Name der Gruppe bedeutet ins Deutsche übersetzt »Aufstand gegen das Aussterben«. Auch sie richten sich mit ihren Forderungen vor allem an die Politik und setzen dabei hauptsächlich auf massenhaften zivilen Ungehorsam, wie zum Beispiel Sitzblockaden.[27]

Letzte Generation: Die Gruppe ist vor allem für die »Klimakleber« bekannt, also Aktivist*innen, die sich auf Straßen festkleben und sie blockieren, um auf ihr Anliegen aufmerksam zu machen.[28]

NABU: Der NABU (Naturschutzbund Deutschland) ist nach eigenen Angaben der älteste und mitgliederstärkste Umweltschutzverband Deutschlands. Das Engagement findet vor allem hier bei uns statt – so setzt sich der NABU für Artenvielfalt und den Schutz intakter Lebensräume, für gute Luft, sauberes Wasser, gesunde Böden und den schonenden Umgang mit unseren endlichen Ressourcen ein.[29]

Deutsche Umwelthilfe: Die Kernthemen der Deutschen Umwelthilfe sind der Schutz der Umwelt und der Schutz der Verbraucher*innen. Sie deckt *Greenwashing* auf und zieht regelmäßig gegen Konzerne vor Gericht. Auch die erfolgreiche Klage vor dem Bundesverfassungsgericht gegen das unzureichende Bundesklimaschutzgesetz, das daraufhin 2021 nachgebessert werden musste, hat sie zu verantworten.[30,31]

Robin Wood: Bei *Robin Wood* stehen ökologische und soziale Umweltgerechtigkeit im Vordergrund. Die Organisation setzt sich dafür ein, dass wertvolle Ressourcen fair verteilt werden. Die Geschichte der Organisation begann bereits vor vierzig Jahren, damals war das Kernthema der Gruppe der Waldschutz – deshalb auch ihr Name. Inzwischen ist das Themenspektrum aber deutlich breiter.[32]

Bund für Umwelt und Naturschutz Deutschland: Der BUND wurde 1975 im fränkischen Marktheidenfeld gegründet und arbeitet unabhängig von Politik und Wirtschaft. Kernthema ist der »klassische« Naturschutz.[33]

Partei ergreifen

Du siehst, es gibt viele verschiedene Möglichkeiten, sich politisch zu engagieren. Dabei haben wir den absoluten Klassiker bisher nicht einmal behandelt: die Mitgliedschaft in einer Partei. Mitglied werden ist in der Regel ziemlich unkompliziert: Auf der Website der Parteien kann man heute meist digital seinen Mitgliedsantrag ausfüllen und muss dann nur noch seinen Monatsbeitrag zahlen. Schon ist man dabei!

Gut zu wissen

Der Monatsbeitrag für die Mitgliedschaft in einer politischen Partei ist in der Regel abhängig vom Einkommen.[34] Mit ihm unterstützt du die Partei indirekt dabei, ihre Ziele zu erreichen – von dem Geld wird zum Beispiel Informationsmaterial gedruckt, mit dem wiederum neue Wähler*innen gewonnen werden können. Die meisten Parteien haben übrigens auch eine Jugendorganisation, der man beitreten kann.[35] Das ist quasi die Vorstufe zur Parteimitgliedschaft. Hier dürfen nur junge Menschen[36] Mitglieder werden und die Mitgliederbeiträge sind in der Regel sehr niedrig. Jugendorganisationen können eine gute Möglichkeit sein, die Parteiarbeit kennenzulernen.

Wenn du Mitglied in einer Partei oder Jugendorganisation geworden bist, wirst du schon bald die ersten Einladungen zu lokalen Treffen per E-Mail erhalten. Diejenigen, die schon länger Mitglied in einer Partei sind, nehmen dich als Neu-Mitglied an die Hand und erklären dir, wie die politische Arbeit in der Partei funktioniert. Wenn du magst, kannst du schon kurz nach dem Eintritt erste Aufgaben übernehmen und dich dann auch auf Ämter bewerben, wie zum Beispiel das des oder der Vorsitzenden der Ortsgruppe/Landesgruppe/usw. Cool ist, dass man nicht wahlberechtigt sein muss, um sich in den Jugendorganisationen und Parteien zu engagieren. So kann man bereits etwas politische Luft schnuppern. Bei den Jugendorganisationen liegt das Mindestalter oft bei 14 Jahren[37], bei einigen Parteien bei 16 Jahren.[38]

Bleibt nur noch zu klären, welche Partei eigentlich die richtige für dich ist. Hier gibt es mehrere Möglichkeiten, das herauszufinden. Am umfassendsten informiert bist du, wenn du dich in die jeweiligen Parteiprogramme einliest. Diese findest du in der Regel auf der Website der jeweiligen Partei. Durch sie erfährst du, welche Themen den Mitgliedern wichtig sind und wie die politischen Forderungen aussehen, für die sich die Partei einsetzt.

Kurz vor Wahlen gibt es außerdem eine andere, sogar spaßige Möglichkeit herauszufinden, welche Partei am besten zu dir passt: den Wahl-O-Mat. Hier werden dir eine ganze Reihe von inhaltlichen Fragen zu aktuellen politischen Themen gestellt. Du musst ankreuzen, welche Antwort am ehesten deiner Meinung entspricht. Der Wahl-O-Mat wertet dann für dich aus, mit welcher Partei du die meisten Übereinstimmungen hast.

TIPP

Wenn du mal einen Wahl-O-Mat testen möchtest, probier es doch mit dem der Bundeszentrale für politische Bildung zur Bundestagswahl aus dem Jahr 2021. Der ist aktuell noch online und hilft dir, aus 39[39] Parteien diejenige zu finden, die inhaltlich am besten zu dir passt – auch wenn die Themen eventuell nicht mehr einhundert Prozent aktuell sind. Du findest ihn unter: www.wahl-o-mat.de

Weitere Möglichkeiten

Das war natürlich noch nicht das Ende der Fahnenstange. Es gibt einige weitere Möglichkeiten, wie du dich politisch für das Klima starkmachen kannst.

Spenden

Du kannst Umweltschutzorganisationen, Tierschutzorganisationen, Parteien oder auch einzelne Vorhaben (zum Beispiel durch Crowdfunding) finanziell unterstützen und so dazu beitragen, dass das Thema Beachtung findet.

Veranstaltungen besuchen

Viele der genannten Organisationen engagieren sich mit ihren Ortsgruppen auf der Ebene der Lokalpolitik. Sie machen sich für Themen stark, die in deiner Stadt oder deinem Wohnraum wichtig sind und organisieren zum Beispiel Aktionen wie die zum Weltbienentag. Du kannst die Organisationen dadurch unterstützen, dass du bei solchen Events am Start bist.

Wählen gehen

Auch wählen zu gehen (wenn man denn darf!) ist ein guter Weg, um sich politisch einzubringen und seine Meinung zu sagen.

Engagement im Alltag

Auch im Alltag gibt es viele Möglichkeiten, seiner politischen Haltung Ausdruck zu verleihen. Zum Beispiel im Gespräch mit Freund*innen oder der Familie. Sprich die Themen an, die dich bewegen. Geh in den Läden einkaufen, deren Vision dir zusagt. Trage Statement-Shirts und rege so zum Nachdenken an – die Möglichkeiten sind unendlich!

Good Jobs, oder: Wie finde ich einen nachhaltigen Job?

Wenn du dieses Buch in den Händen hältst, steht für dich in den nächsten Jahren wahrscheinlich eine wirklich wichtige Entscheidung an: Nämlich die, welchen Beruf du lernen möchtest. Früher, als man klassischerweise in den elterlichen Betrieb eingestiegen ist und als Frau erst gar nicht berufstätig war, gab es da gar nicht so viel zu entscheiden – der eigene Weg war mehr oder minder ab Geburt festgelegt. Heute ist das (Gott sei Dank!) anders und wir können aus einer Vielzahl an Jobs den auswählen, der zu uns passt: Mal mehr, mal weniger körperlich, kreativ, handwerklich, intellektuell oder besonders verantwortungsvoll, wir haben die Qual der Wahl. Aber mal ehrlich, das kann auch ganz schön überfordernd sein. Wie soll man aus so vielen Jobs genau den einen auswählen, den man wirklich sein ganzes Leben lang machen möchte? Hinzu kommt, dass die eigenen Eltern oft bei der Berufswahl mitreden möchten, dann noch die Frage danach, welches Ansehen mit dem Beruf verknüpft ist, und natürlich spielt auch das liebe Geld eine Rolle. Eine schwierige Situation! Vor allem, wenn der Traum-Job wirklich alle Kriterien erfüllen soll. Die perfekte Wahl für immer treffen – und das schon mit 16 oder 18 Jahren?

Das Schöne ist, dass das heutzutage oft nicht mehr der Anspruch ist. Viele Menschen bilden sich im Laufe ihrer Karriere weiter und schulen sogar um. Das Statistische Bundesamt hat für das Jahr 2020 die höchste Weiterbildungs-Quote gemessen, die es jemals gab: Insgesamt nahmen 6,2[40] Millionen Menschen die Möglichkeit wahr, sich weiterzubilden. Mehr als die Hälfte der Menschen, die in Unternehmen angestellt waren, die Weiterbildungen anbieten, nahmen an einer solchen Maßnahme teil.[41] Die Entscheidung, die man heute trifft, ist also wichtig, aber nicht in Stein gemeißelt.

Mit der Klimakrise kommt für viele Berufsanfänger*innen ein weiterer Aspekt hinzu, der ihre Wahl beeinflusst. Einerseits, weil man sich ganz praktisch gesehen für einen Job entscheiden will, den es auch in fünfzig Jahren noch gibt. Andererseits spielt immer öfter auch die Frage eine Rolle, welchen Job man ergreifen kann, um der Klimakrise nicht nur hilflos ausgeliefert, sondern aktiver Teil der Veränderung zu sein. Man spricht hier auch von »Good Jobs«.

Was ist ein *Good Job*?

Es gibt keine einheitliche oder offizielle Definition dafür, was einen *Good Job* auszeichnet. Aber ein Blick in die Kriterienkataloge der gängigen Job-Portale hilft dabei, ein Gefühl dafür zu bekommen, was einen *Good Job* ausmacht.[42]

Grundsätzlich sind *Good Jobs* nicht allein auf das Thema Klimawandel oder Umweltschutz beschränkt.[43] Auch Stellen, die zum Beispiel im sozialen Bereich angesiedelt sind, werden von den meisten Portalen als *Good Jobs* gezählt und gelistet. Dabei kann man in der Regel zwischen drei Arten von Stellen unterscheiden:

- **Nachhaltige Arbeitgeber, die konventionelle Jobs anbieten:** beispielsweise, wenn VAUDE als nachhaltiges Unternehmen[44] eine*n Social Media Manager*in sucht

- **Arbeitgeber, die Jobs in einer nachhaltigen bzw. sozialen Branche anbieten:** zum Beispiel ein Bio-Hotel, *Fair Fashion Brands* oder Firmen, die Solarmodule installieren

- **Konventionelle Arbeitgeber, die gezielt grüne oder nachhaltige Stellen ausschreiben:** zum Beispiel als Nachhaltigkeitsmanager*in in einem Krankenhaus

Für die meisten dieser Jobs absolviert man eine normale Ausbildung oder ein Studium, zum Beispiel zum/zur Einzelhandelskaufmann/-frau oder im Bereich Marketing. Nachhaltigkeit als Schwerpunkt zählt oft erst, wenn man seine erste richtige Stelle sucht. Anders sieht das besonders bei Jobs aus, die in die zuletzt gelistete Kategorie fallen. Hier sind in der Regel spezielle Abschlüsse erforderlich, zum Beispiel ein Bachelor in Nachhaltigkeitsmanagement.[45]

Kurz gesagt zeichnet sich ein *Good Job* klassischerweise dadurch aus, dass man mit seiner Arbeit aktiv etwas dafür tut, dass unsere Gesellschaft nachhaltiger und sozialer wird. Dabei kann der Arbeitgeber nachhaltig sein, die eigentliche Tätigkeit aber nicht, oder eben andersherum. Manchmal sind sogar der Arbeitgeber und die Tätigkeit an sich nachhaltig oder sozial ausgerichtet.

Hier findest du einen Good Job

Inzwischen gibt es zahlreiche Suchmaschinen, die dir dabei helfen, ganz gezielt nach nachhaltigen Stellen zu schauen.

Jobverde.de: Hier findest du nicht nur grüne Jobs, sondern auch einen Überblick über nachhaltige Studiengänge. Außerdem kann man auf Wunsch per Mail informiert werden, wenn eine passende Stelle geschaltet wird.[46]

GoodJobs.eu: Diese Seite ist spezialisiert auf Stellen, die einen positiven Nutzen für die Gesellschaft oder die Umwelt haben.

Greenjobs.de: Greenjobs bietet eine besonders große Auswahl. Ziemlich cool ist, dass man als Bewerber*in selbst Gesuche schalten kann.

NachhaltigeJobs.de: Bei NachhaltigeJobs steht neben der eigentlichen Suchmaschine das Magazin im Vordergrund. Hier findet man zum Beispiel Gehaltschecks von NGOs. Sehr spannend!

Warum jeder Job eine nachhaltige Wahl sein kann

Falls du jetzt denkst: »Woah, davon passt so gar nichts zu mir!«, dann lass dir eines gesagt sein: Du musst nicht explizit einen nachhaltigen Job ergreifen, um Teil des Wandels zu sein!

Es wäre sogar fatal, wenn alle Menschen, die sich engagieren wollen, plötzlich nur noch bei NGOs nach Jobs suchen oder Nachhaltigkeitsmanagement[47] studieren würden. Was wir brauchen, das sind Menschen in allen Jobs, allen Branchen, aus allen Schichten der Gesellschaft, die so richtig Lust auf Veränderung haben. Du kannst auch bei dem am wenigsten nachhaltigen Großkonzern der Welt arbeiten und trotzdem Veränderung unterstützen und vor allem auch vorantreiben. Im Kern geht es nämlich darum, was du aus deinem Job machst. Setzt du dich dafür ein, dass euer Produkt nachhaltiger wird, oder zum Beispiel für mehr Nachhaltigkeit im Büro? Das ist super, denn so geht Veränderung. Und solche Menschen brauchen wir in wirklich allen Branchen, die es gibt. Vielleicht wirst du ja sogar zum Branchen-Pionier und sorgst dafür, dass dein Arbeitsfeld so richtig nachhaltig wird.

Beispiel Juliette Beke – *Zero Waste*-Friseursalon in Dresden[48]

Um dich zu ermutigen, will ich dir die Geschichte von Juliette Beke erzählen. Die Friseurmeisterin[49] hat sich 2021 mit ihrem eigenen Salon selbstständig gemacht und mit ihrem nachhaltigen Konzept als erste *Zero Waste*-Friseurin Deutschlands für Schlagzeilen gesorgt.

Wer im Salon von Juliette Beke nach Shampooflaschen

sucht, der wird keine finden. Stattdessen nutzt Beke eine Mischung aus Natron, Wasser und ätherischen Ölen, um ihren Kund*innen die Haare zu waschen. Die Lösung wird jedes Mal frisch zusammengerührt, wenn die Kund*innen am Waschbecken Platz nehmen, und den Duft kann jede*r individuell wählen.

Möglichst natürlich und möglichst unverpackt – das ist Beke bei allen Lösungen, die sie für ihren *Zero Waste*-Naturfriseursalon in Dresden gesucht hat, wichtig. Anstelle von Conditioner setzt sie zum Beispiel auf eine saure Rinse aus Apfelessig und Wasser. Gefärbt wird mit Pflanzenfarben. Für Beke, die selbst sehr umweltbewusst lebt, war der eigene Salon eine logische Konsequenz. »In meiner Branche gibt es sehr viel Nachholbedarf«, erklärt Beke. »Es fängt bei den Shampoos an, bei den Spülungen und geht weiter bei den Haarfarben. Einmal die Verpackung, die besteht aus Aluminium und Plastik. Aber auch drin steckt Plastik. Viele[50] Produkte sind mit Flüssigplastik versehen.«[51]

Zero Waste heißt übrigens nicht, dass gar kein Müll mehr anfällt. Vielmehr geht es darum, dass der Müll wiederverwertet werden kann. Die Zutaten für ihre »Shampoos« bekommt Juliette Beke in Großgebinden geliefert, zum Beispiel 25-Kilogramm-Säcke mit Natron und Soda. Diese bestehen entweder aus Plastik oder Papier und werden als Müllsäcke weiterverwendet.

Zero Waste und die 5 Rs

Die *Zero Waste*-Bewegung hat es sich zum Ziel gesetzt, möglichst keinen Müll mehr zu verursachen. Die Philosophie der Bewegung basiert auf fünf Prinzipien, die auch als die 5 Rs bezeichnet werden.

Ganz oben steht »Refuse«, also verweigern. Gemeint ist, dass auf Verpackungen und Einweg-Produkte, so gut es geht, verzichtet wird. Danach folgt »Reduce«, also das Reduzieren. Hier geht es darum, insgesamt weniger zu konsumieren und die Menge des anfallenden Mülls so zu verringern. »Reuse«, also Wiederverwenden, soll dazu anregen, weniger Einmalprodukte zu benutzen – zum Beispiel, indem man auf Waschlappen anstatt Abschminktücher setzt. Müll, der trotzdem noch anfällt und nicht vermeidbar ist, soll dann recycelt werden, fällt also in das Prinzip »Recycle«. Und mit »Rot« ist zu guter Letzt gemeint, dass biologische Abfälle kompostiert werden sollen, damit sie umweltfreundlich verrotten können.[52]

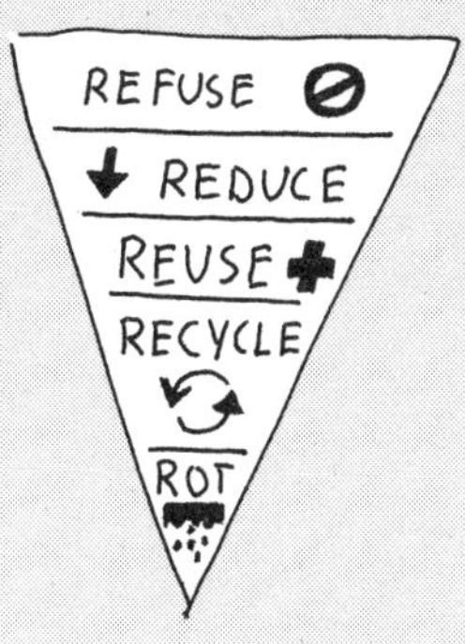

Auch für die abgeschnittenen Haare hat Beke sich etwas überlegt: nämlich eine Wurmkiste.[53] Das ist ein Indoor-Kompost mit Würmern, die biologische Abfälle verwerten. Das Konzept von Juliette Beke ist einzigartig – sie ist zur Vordenkerin ihrer Branche geworden.

Nachhaltigkeit für jeden Tag

Wir treffen jeden Tag unzählige Entscheidungen. Das fängt bei der Frage an, was wir frühstücken, zieht sich über unsere Klamottenwahl, unser Pausenbrot bis hin zu dem, was wir einkaufen und womit wir unsere Freizeit verbringen. Jede dieser kleinen Entscheidungen ist eine Chance – und zwar eine Chance, nachhaltiger zu handeln und die Welt so zu einem etwas besseren Ort zu machen. Keine Sorge, du musst nicht gleich alles perfekt machen. Vielmehr geht es darum, dir verschiedene Anregungen zu geben, worauf du in Zukunft achten kannst. Pick dir einfach das raus, was am besten in deinen Alltag passt.

Ernährung

Eine in Deutschland lebende Person verursacht im Schnitt 11,2 Tonnen CO_2-Äquivalente pro Jahr. Davon entfallen 1,7 Tonnen CO_2e auf die Ernährung, also rund 15 Prozent.[54] Grund genug, sich genauer anzusehen, welche Stellschrauben wir haben, um unseren ökologischen Fußabdruck im Bereich Ernährung zu verkleinern. Denn hier liegt enormes Potenzial!

Bio vs. konventionell

Beim Einkaufen ist dir sicher schon aufgefallen, dass man in der Gemüseabteilung – aber auch in vielen anderen Bereichen – vor die Wahl gestellt wird, ob man ein Produkt mit Bio-Siegel oder ein Produkt ohne Bio-Siegel kaufen möchte. Letzteres stammt dann aus der konventionellen Landwirtschaft, die den »Gegenpart« zur Bio-Landwirtschaft darstellt. Die Bio-Landwirtschaft gilt dabei als ökologisch, während die konventionelle Landwirtschaft eher den Ruf als Umweltverschmutzer weghat (warum das so pauschal auch nicht ganz stimmt, sehen wir uns später noch an). Das liegt an den verschiedenen Grundsätzen, auf denen die zwei Arten, Landwirtschaft zu betreiben, beruhen.

Pestizide

In der konventionellen Landwirtschaft spielen Pestizide eine entscheidende Rolle. Das sind chemisch-synthetische Pflanzenschutzmittel, die dafür sorgen, dass die angebauten Pflanzen vor Insekten, Pilzen und Unkraut geschützt sind.[55] Das ist zunächst einmal gut für den Landwirt bzw. die Landwirtin, da sie so einen höheren Ertrag einfahren können. Aber der Einsatz von Pestiziden bringt auch Probleme mit sich. So erkranken jährlich rund 385 Millionen Menschen weltweit an Pestizidvergiftungen, fast 11 000 davon verlaufen tödlich.[56] Vor allem in Südasien, Südostasien und Ostafrika vergiften sich besonders viele Menschen durch den Kontakt mit Pestiziden. Betroffen sind vornehmlich Arbeiter*innen im Agrarsektor, die zum Beispiel bei ihrer Arbeit auf den Feldern in direkten Kontakt mit den Pestiziden kommen. Eine Studie aus dem Jahr 2015 bezifferte den Schaden, der allein dem Gesundheitssystem der EU durch hormonschädliche Chemikalien entsteht, auf mehr als 150 Milliarden Euro. Pestizide waren demnach für 76,4 Prozent dieser Kosten verantwortlich. Sie lösen vor allem Erkrankungen des Nervensystems aus, aber auch Fortpflanzungsstörungen und Adipositas werden damit in Zusammenhang gebracht.

Wir alle kommen mit Pestiziden in Kontakt, wenn wir konventionelle Lebensmittel kaufen. Deshalb gibt es strenge Regeln dazu, wie stark Lebensmittel noch mit Rückständen von Pestiziden belastet sein dürfen, wenn sie im Supermarkt landen. In der EU wird die Belastung von Lebensmitteln anhand von Stichproben kontrolliert. 2019 war die Hälfte der kontrollierten Lebensmittel dabei frei von Rückständen, 3,9 Prozent überschritten die maximalen Rückstandshöchstgehalte. Rund 27 Prozent der untersuchten Proben enthielten Mehrfachrückstände. Das bedeutet, dass mehrere Pestizide auf einem Lebensmittel gefunden wurden. Das Problem: Die Höchstgehalte gelten jeweils nur für ein Pestizid. Wenn ein Lebensmittel also mit zwölf verschiedenen Pestiziden knapp unterhalb der Grenze belastet ist, werden die Werte nicht zusammengezählt und das Lebensmittel gilt als sicher.[57]

Pestizide sind aber nicht nur für unsere Gesundheit ein potenzielles Problem, sondern vor allem auch für die Umwelt. Pestizide haben in der Regel ein relativ breites Wirkungsspektrum, weshalb Kollateralschäden nicht ausgeschlossen sind. Das bedeutet, dass deutlich mehr Pflanzen und Tiere getötet werden, als beabsichtigt. Die Folge ist, dass die Biodiversität auf den bebauten Feldern und in ihrem Umkreis abnimmt. Besonders kritisch sind dabei sogenannte »Pestizid-Cocktails« zu sehen, also Mischungen mehrerer Pestizide.[58] Das Problem: In der Praxis werden verschiedene Pestizide oft gleichzeitig oder kurz nacheinander eingesetzt. Bei der Zulassung der einzelnen Mittel wird aber gar nicht überprüft, inwiefern das die Wirkung der Pestizide beeinflusst. Das Umweltbundesamt hat genau das überprüft und kam zu dem Ergebnis, dass sich die Risiken für die Umwelt bei diesem Einsatz von Pestiziden verdoppeln bis verfünffachen. Durch die Luft und Regenfälle gelangen die Pestizide außerdem in Gewässer und benachbarte Biotope und sorgen auch hier dafür, dass die Artenvielfalt abnimmt. Vor allem das Insektensterben gilt als großes Problem.[59]

Warum Insekten so wichtig sind

Durch den Einsatz von Pestiziden werden nicht nur unerwünschte Unkräuter, sondern auch zahlreiche Insekten getötet. Das ist ein Problem, denn mehr als 85 Prozent aller Pflanzenarten sind davon abhängig, dass sie von Insekten bestäubt werden. Auch für uns Menschen kann das Konsequenzen haben, denn darunter sind viele Pflanzen, die die Grundlage unserer Ernährung bilden, zum Beispiel Äpfel, Karotten, Zucchini oder Brokkoli. Insgesamt sind Bestäuber für rund 35 Prozent der weltweiten Nahrungsmittelproduktion verantwortlich.[60]

In der ökologischen Landwirtschaft sind chemisch-synthetische Pestizide verboten. Stattdessen setzen die Landwirt*innen auf Mittel, die einen natürlichen Ursprung haben. Dazu zählen zum Beispiel Kupfer, Schwefel, Bienenwachs oder Pflanzenöle.[61] Das klingt schonender, aber auch diese Mittel können anderen Lebewesen schaden.

Kupfer wird beispielsweise seit mehr als 150 Jahren als wirksames Mittel gegen Pilzkrankheiten eingesetzt. Vor allem sein Einsatz gegen den falschen Mehltau beim Anbau von Wein ist sehr beliebt. Aber: Kupfer wirkt sich negativ auf die Bodengesundheit aus. Wind und Regen sorgen nämlich dafür, dass das Kupfer in den Boden gelangt. Dort schadet es Bakterien und wirbellosen Tieren wie Regenwürmern – genau die sind aber wichtig, damit sich ein Boden gesund entwickeln kann.[62]

Insgesamt stehen Bio-Landwirt*innen jedoch nur rund ein Zehntel[63] der Pestizide zur Verfügung, die konventionelle Landwirt*innen nutzen können, und deren Einsatz wird durch die gesetzlichen Vorgaben oder die Vorgaben der Bio-Verbände (dazu weiter unten mehr!) beschränkt. Im Bio-Landbau steht ohnehin das Vorbeugen im Vordergrund. Die Landwirt*innen arbeiten also darauf hin, dass sich Schädlinge im besten Fall gar nicht erst vermehren. Dafür setzen sie zum Beispiel auf besonders robuste Pflanzensorten, bestimmte Techniken der Bodenbearbeitung und eine besondere Fruchtfolge. Gemeint ist damit, dass die Landwirt*innen möglichst unterschiedliche Sorten nacheinander pflanzen, die dem Boden unterschiedliche Nährstoffe entziehen. So bleibt der Boden insgesamt gesünder.[64]

SORGT BIO-LANDWIRTSCHAFT WIRKLICH FÜR EINEN BESSEREN BODEN?

Die Antwort lautet: Ja! Das hat der sogenannte »DOK-Versuch« eindeutig gezeigt. Seit 1978 bauen die Forscher*innen hier verschiedene Lebensmittel wie Kartoffeln, Mais, Soja oder Kleegras unter identischen klimatischen Bedingungen an. Der einzige Unterschied liegt in der Anbauweise, denn die Forscher*innen wollten herausfinden, inwiefern sich Lebensmittel, Böden & Co dabei unterscheiden. Deshalb bestellten sie einen Teil der Versuchsfelder konventionell und den anderen Teil biologisch. Das Ergebnis: Der biologische Landbau förderte das Bodenleben und erhöhte die Artenvielfalt der auf dem Feld lebenden Pflanzen und Tiere.[65]

CO_2e-Emissionen & Klimaschutz

In der Landwirtschaft entstehen – wie in jedem anderen Teil der Wirtschaft auch – Treibhausgasemissionen, die den Klimawandel anheizen. Im Bereich der Landwirtschaft sind vor allem Methan und Lachgas ein Thema. Beide Treibhausgase beeinflussen das Klima kurzfristig deutlich stärker als CO_2: Methan wirkt über einen Zeitraum von 100 Jahren betrachtet 25-mal stärker als CO_2, Lachgas sogar 298-mal.[66] Methan entsteht vor allem im Verdauungstrakt von Rindern und Schafen, aber auch durch die Lagerung von Düngern wie Mist oder Gülle. Lachgas wird in der Landwirtschaft hauptsächlich dadurch freigesetzt, dass mineralische Stickstoffdünger auf die Felder ausgebracht werden.[67] Da diese in der biologischen Landwirtschaft verboten sind, ist es nicht verwunderlich, dass die konventionellen Betriebe in Sachen Treibhausgasemissionen die Nase vorn haben.

Wie viel weniger CO_2e-Emissionen die biologische Landwirtschaft im Vergleich zur konventionellen Landwirtschaft verursacht, dazu finden sich unterschiedliche Zahlen. Eine Meta-Studie des Thünen-Instituts kam zu dem Schluss, dass die Ersparnis für Lachgas bei rund 24 Prozent liegt.[68] Eine Meta-Studie zu erstellen bedeutet, dass die Forscher*innen zahlreiche bereits durchgeführte Studien ausgewertet haben. Auch im DOK-Versuch wurden hierzu Daten erhoben. Die Forscher*innen kamen speziell für die untersuchten Flächen zu dem Ergebnis, dass die biologisch bewirtschafteten Felder 40 Prozent weniger Treibhausgase pro Hektar emittieren.[69] Neben dem Verzicht auf Stickstoffdünger sorge vor allem die gezielte Bewirtschaftung nach den Prinzipien des Bio-Landbaus für die guten Ergebnisse. Denn hier steht der Erhalt der Bodenfunktionen im Vordergrund und das wirke sich positiv auf die Treibhausgasemissionen aus.

40 Prozent weniger CO_2e pro Hektar – das klingt nach einer enorm großen Ersparnis. Allerdings muss dabei auch die Ertragslücke berücksichtigt werden, die es zwischen biologischen und konventionellen Feldern gibt. Auf einem Hektar biologisch bewirtschaftetem Land ernten Landwirt*innen zwischen neun und 40 Prozent weniger als auf einem konventionell bebauten Feld. Bio-Landwirt*innen brauchen also mehr Land, um genauso viel wie ihre konventionellen Kolleg*innen zu ernten. Bei der Auswertung der Daten des

DOK-Versuchs wurde das berücksichtigt. Während es beim Mais keine Unterschiede in den Treibhausgasemissionen zwischen bio und konventionell mehr gab, schnitt der Bio-Landbau bei den anderen untersuchten Pflanzen trotzdem besser ab. Berücksichtigt man dazu noch die Emissionen, die vor und nach der Ernte entstehen, fällt das Ergebnis eindeutig zugunsten der Bio-Landwirtschaft aus.[70]

Ein weiterer interessanter Faktor in diesem Zusammenhang ist die Fähigkeit des Bodens, Kohlenstoff zu speichern. Auch hier hat der Bio-Landbau grundsätzlich die Nase vorne: Biologisch bewirtschaftete Böden speichern nämlich mehr Kohlenstoff ein und binden ihn fest im Boden, sodass er nicht als CO_2 den Klimawandel anheizt.[71]

Der Bio-Landbau schneidet also in Sachen Treibhausgase und Klimaschutz insgesamt besser ab, auch wenn er pro Hektar für weniger Ertrag sorgt.

Tierwohl

Wer Bio-Milch und Bio-Fleisch kauft, der erhofft sich davon oft, dass mehr Tierwohl drinsteckt. Tatsächlich sind die Regeln für die Bio-Tierhaltung strenger als in konventionellen Betrieben. Das beginnt schon bei der Anzahl der Tiere pro Hektar beziehungsweise dem Platz, den ein einzelnes Tier zur Verfügung hat. Als Faustregel gilt: In Bio-Betrieben dürfen nur so viele Tiere pro Hektar gehalten werden, dass sie über ihren Mist nicht mehr als 170 Kilogramm Stickstoffäquivalent produzieren. Das ist nämlich genau die Menge, die für einen Hektar landwirtschaftlichen Boden direkt als Dünger dienen kann.[72]

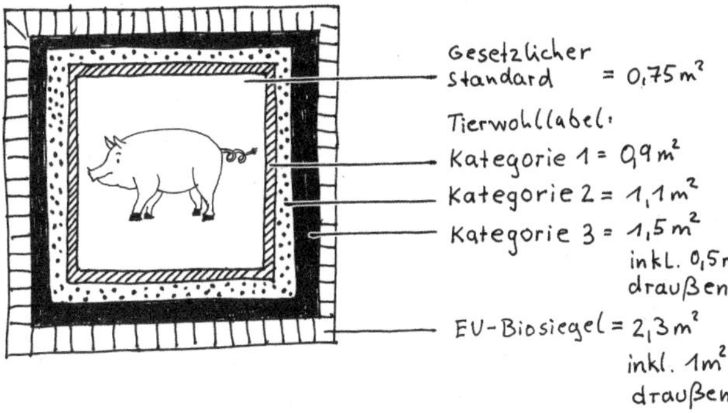

Außerdem sind Lebendtransporte in der Bio-Tierhaltung eingeschränkt, das Futter soll zu mindestens 50 Prozent von dem Hof kommen, auf dem die Tiere leben, und einige Praktiken wie zum Beispiel das Beschneiden von Schweine-Schwänzen sind nur mit spezieller Genehmigung erlaubt.[73]

Grundsätzlich kannst du davon ausgehen, dass es Tieren, die in Bio-Betrieben großgezogen werden, besser geht als ihren Verwandten in konventioneller Haltung. Aber: So romantisch, wie man sich die Bio-Tierhaltung vielleicht vorstellt, ist sie dann doch oft nicht. Auch in Betrieben, die nach Bio-Richtlinien produzieren, dürfen zum Beispiel bis zu 3 000 Hennen in einem Stall gehalten werden.[74] Ob es den Tieren wirklich gut geht, hängt vor allem vom Umgang der Landwirt*innen mit ihnen ab, was als Kund*in im Supermarkt natürlich schwer zu durchschauen ist. Das Bio-Logo der EU und die Bio-Siegel verschiedener Anbauverbände[75] geben dir aber zumindest die Sicherheit, dass die Rahmenbedingungen für die Aufzucht der Tiere strenger waren, als es bei konventionellen tierischen Produkten der Fall ist.

Die wichtigsten Bio-Siegel im Überblick

EU-Bio-Logo[76]

Deutsches Bio-Siegel

Siegel der Anbauverbände[77]

Zusammenfassung: Das sind die wichtigsten Unterschiede zwischen der biologischen und konventionellen Landwirtschaft

- Im Bio-Landbau sind deutlich weniger Pestizide zugelassen und die zugelassenen Mittel müssen natürlichen Ursprungs sein. Das macht sie aber nicht automatisch unproblematisch!

- Stickstoffdünger, die dem Klima schaden, sind im Bio-Landbau ebenfalls verboten.

- Bei Bio steckt mehr Tierwohl drin: Die Regeln für die Tierhaltung sind deutlich strenger.

- Gentechnik ist im Bio-Landbau verboten. Gemeint ist der Einsatz von Saatgut, das im Labor genetisch verändert wurde.[78]

- Die Erträge der Biolandwirtschaft sind niedriger als in der konventionellen Landwirtschaft: Zwischen neun und 40 Prozent weniger Ernte fahren Bio-Landwirt*innen je nach Sorte ein.

Bio vs. konventionell – Warum ein Wettbewerb nicht zielführend ist

Die Frage, ob man bio oder konventionell kaufen möchte, muss jede*r für sich ganz allein beantworten. Bio ist nämlich trotz allem nicht immer die nachhaltigste Variante. Schwierig wird es zum Beispiel, wenn man im Supermarkt vor der Wahl steht, ob man die in Plastik verpackte Bio-Gurke aus Spanien kauft oder die konventionelle Gurke vom Hof, der nur 20 Kilometer entfernt liegt. Außerdem brauchen wir beide Arten der Landwirtschaft, um alle Menschen auf unserem Planeten nachhaltig und gesund zu ernähren – das sagt zumindest Urs Niggli, der dreißig Jahre das Forschungsinstitut für biologischen Landbau (FiBL) als Direktor geleitet und als solcher zur Bio-Landwirtschaft geforscht hat.[79, 80] Er hat sich in seinem Buch »Alle satt?« mit der Frage beschäftigt, wie wir die Ernährung für 10 Milliarden Menschen sichern können. Die großen Ertragslücken zwischen der biologischen und konventionellen Landwirtschaft sieht er als Problem an. Deshalb empfiehlt er, auf einen Mittelweg zu setzen und die Methoden beider

Arten der Landwirtschaft miteinander zu kombinieren: den nachsichtigen Umgang mit unserer Umwelt zum Beispiel mit Technologien, die es ermöglichen, Pestizide nur punktuell einzusetzen. Denn um 10 Milliarden Menschen satt zu kriegen, wird die Bio-Landwirtschaft allein mit ihren heutigen Richtlinien aus seiner Sicht nicht ausreichen.

Zu gut für die Tonne!

Wir werfen viel zu viele Lebensmittel weg: Laut Bundesministerium für Ernährung und Landwirtschaft waren es 2020 allein 11 Millionen Tonnen, die einfach so im Müll gelandet sind.[81] Der mit Abstand größte Teil der Lebensmittel landete im Müll von Privathaushalten, aber auch in Restaurants und bei der Verarbeitung der Lebensmittel fielen viele Abfälle an.

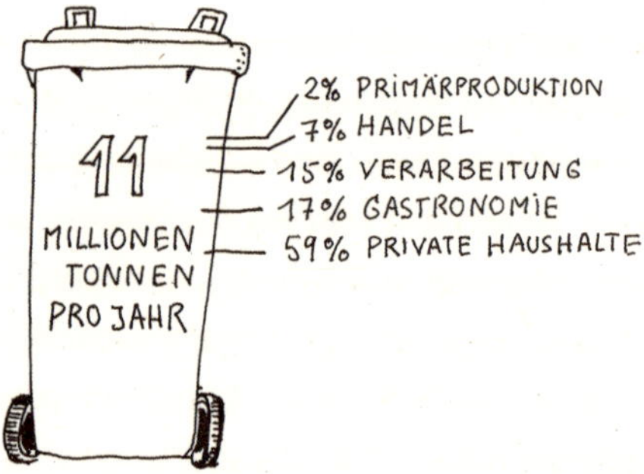

Jede*r von uns kommt so auf rund 78 Kilogramm Lebensmittel pro Kopf und Jahr, die im Müll landen. Allerdings sind in dieser Rechnung auch nicht-vermeidbare Abfälle wie Kaffeesatz, Obstschalen oder Knochen enthalten. Trotzdem: Insgesamt ist das einfach zu viel! Vor allem wenn man bedenkt, dass weltweit Menschen Hunger leiden, während wir im Überfluss leben und eine so große Menge an Lebensmitteln wegschmeißen.

Das Bundesministerium für Ernährung und Landwirtschaft hat deshalb zwei Studien dazu in Auftrag gegeben, um herauszufinden, welche Lebensmittel eigentlich in Privathaushalten oft weggeschmissen werden, obwohl es vermeidbar gewesen wäre. Rund 35 Prozent der vermeidbaren Lebensmittelabfälle in Privathaushalten waren Obst und Gemüse. 13 Prozent der vermeidbaren Abfälle entfielen auf Brot und Backwaren, danach kamen mit zwölf Prozent Getränke.[82] Die Studien ergaben außerdem, dass vor allem Haushalte, die von jungen Menschen geführt werden, sehr viel wegschmeißen. Ältere Personen lebten demnach sparsamer und warfen tendenziell weniger weg.

Das Problem: Für die Lebensmittel, die so ungenutzt weggeschmissen werden, wurden entlang der gesamten Wertschöpfungskette viele Ressourcen eingesetzt. Sie wurden angebaut, geerntet, transportiert, verpackt und verkauft. Lebensmittel wegzuschmeißen ist also absolut nicht nachhaltig, auch wenn das natürlich jedem Mal passieren kann, dass etwas schlecht wird. Die Zahlen zeigen aber, dass das nicht »immer mal« passiert, sondern bei uns inzwischen ziemlich normal geworden ist. Wir sollten uns deshalb Gedanken darüber machen, was wir tun können, um Lebensmittelverschwendung zu verhindern.

Das kannst du tun, um weniger Lebensmittel wegzuschmeißen

- Einkäufe besser planen: Falls bei euch zu Hause viel weggeworfen wird, dann kann es hilfreich sein, wenn ihr eure Einkäufe noch besser plant. Zum Beispiel, indem ihr einen Wochenplan darüber erstellt, was ihr gemeinsam essen wollt, und dann gezielt für diese Gerichte einkauft.
- Kühlschrank richtig einrichten: Im Kühlschrank gibt es unterschiedliche Zonen, die jeweils für eine andere Lebensmittel-Gruppe gedacht sind. Ganz unten findet klassischerweise das Obst und Gemüse seinen Platz. Direkt darüber ist die kühlste Zone des Kühlschranks. Hier solltest du Wurst, Fisch und leicht Verderbliches lagern. Darüber sollten Joghurt, Käse und Milchprodukte stehen. Ganz oben ist es am wärmsten. Hier lagerst du am besten Selbstgekochtes und Reste.
- Reste gezielt verwerten: Das Bundesministerium für Ernährung und Landwirtschaft hat die App »Zu gut für die Tonne« entwickelt. Hier kannst du eingeben, welche Reste du zur Verfügung hast, zum Beispiel gekochten Reis. Die App schlägt dir dann für bis zu drei deiner Reste Rezepte vor.[83]
- Lebensmittel fairwerten: Ein Begriff, den ich von der Bloggerin Verena Hirsch gelernt habe.[84] Hier geht es darum, Lebensmittel möglichst restlos aufzubrauchen. Wusstest du zum Beispiel, dass

die Blätter des Blumenkohls und der Strunk des Brokkoli essbar sind? Falls nicht, dann solltest du es unbedingt mal probieren. Das Ergebnis wird dich überzeugen!

- Die Sinne einsetzen: Lebensmittel, deren Mindesthaltbarkeitsdatum bereits abgelaufen ist, sind oft noch länger genießbar. Achte also nicht allein auf das aufgedruckte Datum, sondern nutze deine Sinne – riecht der Joghurt noch gut und sieht auch genießbar aus? Dann kannst du beherzt zugreifen.

Lebensmittel retten!

Wir erinnern uns: 59 Prozent der Lebensmittelabfälle in Deutschland fallen in Privathaushalten an – das bedeutet aber auch, dass 41 Prozent in Gastronomie, Handel & Co anfallen. Hier liegt also auch ein großer Hebel, um Lebensmittelverschwendung einzudämmen. Es gibt heute schon viele Konzepte und Ideen, die dafür sorgen sollen, dass weniger weggeworfen wird. Drei davon stelle ich dir auf den nächsten Seiten vor.

Foodsharing

Foodsharing ist eine Umweltorganisation, die in Deutschland, Österreich und der Schweiz aktiv ist und sich zum Ziel gesetzt hat, langfristig die Lebensmittelverschwendung zu beenden. *Foodsharing* leistet einerseits Aufklärungsarbeit, setzt Protestaktionen um und nutzt andere Tools, wie zum

Beispiel Petitionen, um sich politisch zu engagieren. Andererseits ist *Foodsharing* vor allem für sein Netzwerk aus Lebensmittelretter*innen bekannt. Das sind Menschen, die übrig gebliebene Lebensmittel aus Handel und Industrie vor dem Müll retten. *Foodsharing* arbeitet dafür mit unterschiedlichen Supermarktketten, Bäckereien, Restaurants & Co zusammen. Nach Terminabsprache holen die Retter*innen die übrig gebliebenen Lebensmittel dann ab.[85] Das können Lebensmittel sein, die zum Beispiel kurz vor Ablauf des Mindesthaltbarkeitsdatums stehen, oder Obst und Gemüse, das nicht mehr einhundert Prozent frisch aussieht. Die Retter*innen verteilen die Lebensmittel dann etwa an Vereine, Tafeln oder Suppenküchen, nehmen sich, was sie selbst gebrauchen können, und der Rest landet in sogenannten »Fairteilern«. Das sind zum Beispiel Kühlschränke an halböffentlichen Orten oder Lastenräder. Manchmal sind es auch einfach nur Regale. Auf der *Foodsharing*-Plattform geben sie anderen Mitgliedern der Community dann einen Hinweis, dass sie etwas in den Fairteiler gebracht haben, und auch, was dort abgeholt werden kann. Ab und an läuft die Kommunikation auch über Gruppen in sozialen Netzwerken.

Wenn du Mitglied bei *Foodsharing* werden willst, solltest du dich zunächst auf der Website[86] registrieren und dann den Kontakt zu deiner Ortsgruppe suchen.

Mindesthaltbarkeitsdatum vs. Verbrauchsdatum

Wenn wir über das Retten von Lebensmitteln sprechen, sollten wir uns einen Unterschied ganz bewusst machen, nämlich den zwischen dem Mindesthaltbarkeitsdatum (MHD) und dem Verbrauchsdatum. Das MHD ist das Datum, bis zu dem der Hersteller garantiert, dass ein verpacktes Lebensmittel seine spezifischen Eigenschaften behält, also zum Beispiel Geruch, Geschmack, Beschaffenheit und Farbe. Lebensmittel, die mit einem MHD versehen sind, sind aber oft noch länger genießbar. Hier kannst du nach Ablauf des MHD deine Sinne nutzen, um zu prüfen, ob das Lebensmittel noch gut ist.[87]

Davon zu unterscheiden ist das Verbrauchsdatum. Das findest du auf leicht verderblichen, verpackten Lebensmitteln, wie zum Beispiel Hackfleisch. Nach Ablauf des Verbrauchsdatums solltest du ein solches Lebensmittel nicht mehr essen, da die Gefahr besteht, dass es mit Keimen belastet ist, die deine Gesundheit gefährden.[88]

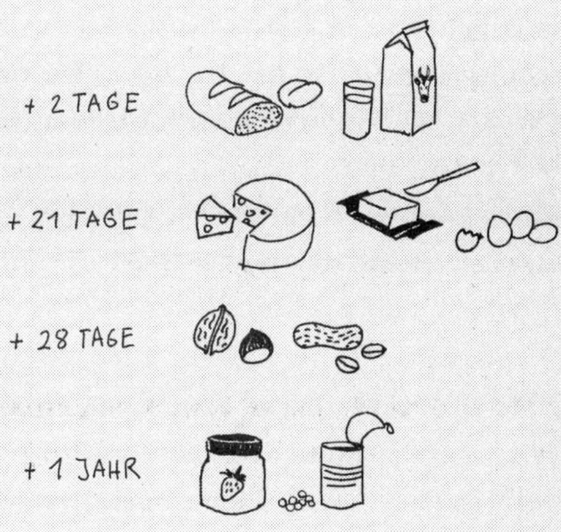

TooGoodToGo

TooGoodToGo ist eine App, die es jeder und jedem ermöglicht, Lebensmittel zu retten. Wer sich die App herunterlädt, bekommt dann Restaurants und Bäckereien in der Nähe angezeigt, die im Moment oder im Laufe des Tages Lebensmittel übrig haben. Man kann dann gegen kleines Geld zum Beispiel mit einer Brotdose über ein Schlemmer-Buffet laufen oder einen Jutebeutel voll Backwaren abholen.[89] 2021 wurden so laut Angaben des Unternehmens mehr als 52 Millionen Gerichte vor der Tonne gerettet.[90]

Rettermärkte: Sirplus & Co

Chips, die falsch etikettiert sind, abgelaufene Marmelade oder krummes Obst und Gemüse – das alles kriegt man in Rettermärkten wie zum Beispiel von *Sirplus* zu kaufen. Alles, was im Rettermarkt landet, wird vorher darauf getestet, ob es noch genießbar ist – so kann man als Kund*in bedenkenlos zugreifen. Seit 2017 hat das Unternehmen nach eigenen Angaben so 2500 Tonnen Lebensmittel gerettet.[91] *Sirplus* rettet Lebensmittel bei Hersteller*innen, Produzent*innen, Logistiker*innen und Großhändler*innen, wo größere Mengen anfallen.

Für alle Lebensmittel zahlen sie zur Einhaltung der Umsatzsteuerkette Geld – allerdings immer nur einen symbolischen Betrag, wie das Unternehmen selbst sagt. So wollen sie vermeiden, in Konkurrenz zur Tafel zu stehen. Die Kund*innen tun mit ihrem Kauf nicht nur etwas für die Umwelt, sondern sparen dabei auch noch Geld. *Sirplus* verkauft inzwischen nur noch online, ähnlich wie *Motatos*.[92]

Andere Konzepte, wie zum Beispiel »Im Angebot«, finden aber immer noch analog statt.[93]

Müssen wir alle vegan leben?

Tierische Lebensmittel haben grundsätzlich einen größeren CO_2-Fußabdruck als pflanzliche Lebensmittel. Ist ja auch logisch, schließlich ernährt sich ein Tier von Pflanzen, und zwar vielen Pflanzen, bis es schließlich geschlachtet wird. Rund drei Kilogramm Getreide werden benötigt, um ein Kilogramm Fleisch zu erzeugen.[94] Auch in Sachen Flächen- und Wasserverbrauch schneiden tierische Lebensmittel in der Regel schlechter ab als vegane Alternativen. Deshalb gehört der Umweltschutz neben dem Tierwohl zu den Hauptbeweggründen dafür, dass Menschen sich vegan ernähren.[95]

Flächenbedarf, Treibhausgase und Wasserverbrauch unterschiedlicher Gerichte im Vergleich

	Rinderroulade mit Kartoffeln, Gemüse und Sauce	Spaghetti bolognese mit kleinem Salat	Veganes Chili mit Brot
Flächenbedarf	5,1 m^2	2,2 m^2	0,3 m^2
Treibhausgase	2,61 kg	0,96 kg	0,25 kg
Wasserverbrauch	1 128 l	950 l	616 l

Nach: *Einfach Öko* von Marcus Franken und Monika Götze, S. 55; Darstellung basierend auf Daten des Wuppertal Instituts, 2015

Im direkten Vergleich sieht man in der Tabelle, dass die pflanzenbasierte Ernährung insgesamt deutlich ressourcenschonender als eine mischköstliche Ernährung ist. Vor allem dann, wenn man zusätzlich darauf achtet, sich möglichst regio-saisonal zu ernähren. Das bedeutet, dass man als Alternative zum Rindfleisch aus Deutschland eben nicht zum Mandelprodukt aus Kalifornien, sondern zu einer Alternative mit kurzen Transportwegen greift. Aber müssen wir uns jetzt alle vegan ernähren, um das Klima zu schützen?

Die Antwort lautet: ja und nein. Ja, es ist besser für die Umwelt, wenn viele Menschen ihren Konsum tierischer Produkte einschränken. Und nein, dafür muss man nicht gleich Veganer*in werden, aber es lohnt sich, weniger tierische Produkte zu konsumieren, auch für unsere Gesundheit. Laut Bundesanstalt für Landwirtschaft und Ernährung (BLE) aß jede*r Deutsche 2020 im Schnitt 57,3 Kilogramm Fleisch.[96] Das ist weniger als in den Vorjahren, aber immer noch eine ganz schöne Menge. Ernährungswissenschaftler*innen empfehlen, maximal 300 bis 600 Gramm Fleisch pro Woche zu essen.[97] Wenn man den Empfehlungen folgt, dann müsste man auf einen Verbrauch von nur circa 30 Kilogramm pro Kopf und Jahr kommen. Wir Deutschen sollten unseren Fleischkonsum also tendenziell halbieren.

Komplett auf Fleisch verzichten muss man aber nicht, wenn man sich nachhaltig und gesund ernähren möchte. Zu diesem Ergebnis kommen zumindest die Wissenschaftler*innen der EAT-Lancet-Kommission[98], die die *Planetary Health Diet* entwickelt haben. Die Kommission besteht aus

Expert*innen für Gesundheit, Nachhaltigkeit, Wirtschaft, Politik sowie Landwirtschaft. Ihr Ziel war es, eine Strategie für Ernährung und Landwirtschaft zu erarbeiten, die sowohl die planetaren Grenzen berücksichtigt als auch die Gesundheit des Menschen. Mit dieser Strategie sollen bis 2050 etwa 10 Milliarden Menschen auf der Erde gesund ernährt werden können, ohne den Planeten zu zerstören.

Wie sieht also der optimale Speiseplan aus? Laut der EAT-Lancet-Kommission gehören täglich 300 Gramm Gemüse und 200 Gramm Obst auf den Speiseplan, insgesamt fünf Portionen. Dazu kommt eine große Portion Vollkorngetreide, Hülsenfrüchte und Nüsse sowie gesunde, bestenfalls ungesättigte Fette. Auch tierische Produkte haben Platz auf dem Speiseplan, aber nur in moderaten Mengen: etwa eine Portion rotes Fleisch pro Woche, bis zu zwei Mal Hähnchen und Fisch, und jeden Tag eine Portion Milchprodukte, zum Beispiel zwei Scheiben Hartkäse.[99] Damit die planetaren Grenzen tatsächlich eingehalten werden, müsse sich aber auch unser Umgang mit Lebensmitteln verändern. Die Landwirtschaft müsse beispielsweise insgesamt nachhaltiger ausgerichtet werden und die Lebensmittelverschwendung ein Ende haben.

Insgesamt landen rund 30 Prozent der weltweiten Getreideernte in Ställen, weil sie genutzt werden, um Tiere zu ernähren.[100] Lebensmittel also, die wir Menschen selbst konsumieren könnten. Deshalb plädiert beispielsweise der Agrarwissenschaftler Urs Niggli dafür, dass wir uns – wenn wir denn Fleisch konsumieren – vor allem auf Wiederkäuer wie Kühe oder Schafe konzentrieren.[101] Denn diese ernähren sich von Gräsern, die wir Menschen nicht verwerten können. Schweine und Hühner hingegen sieht er als Nahrungsmittelkonkurrenten an.[102] Du siehst, es gibt viele unterschiedliche Perspektiven, aus denen man das Thema Ernährung betrachten kann.

Zusammenfassung: Wie kannst du dich nachhaltig ernähren?
Eine nachhaltige Ernährung ist ...

regional: Indem du Produkte aus der Region kaufst, setzt du automatisch auf kürzere Transportwege und sparst CO_2e-Emissionen ein.

saisonal: Lebensmittel, die aktuell Saison haben, können in der Regel im Freiland angebaut werden und brauchen kein beheiztes Gewächshaus. Außerdem sind sie dann auch oft aus regionaler Produktion erhältlich. Win-win also!

bio: Die Bio-Landwirtschaft ist zwar nicht perfekt, aber sie schützt die Umwelt und setzt sich für das Tierwohl ein. Vor allem bei regional-saisonalen Produkten ist bio zu bevorzugen!

pflanzenbasiert: Du musst nicht Veganer*in werden (auch wenn das natürlich schön wäre!), aber eine nachhaltige und gesunde Ernährung ist pflanzenbasiert, d.h., Fleisch und tierische Produkte spielen eine untergeordnete Rolle. Die Basis aller Gerichte sind pflanzliche Produkte.

nicht verschwenderisch: Der beste Bio-Einkauf nützt nichts, wenn die Hälfte im Müll landet. Werde kreativ und suche gezielt nach Rezepten, um Essensreste zu verwerten.

fair: Nachhaltigkeit ist mehr als nur Ökologie – auch die soziale Komponente spielt eine wichtige Rolle. Bei Produkten aus Ländern mit weniger strikten Arbeitsregeln sollten wir uns bemühen, fair gehandelte Produkte zu kaufen.

Kosmetik

Duschgel, Deo, Handcreme, Rasierschaum, Make-up: Um Kosmetikprodukte kommt kaum jemand in seinem Alltag drum herum. Umso wichtiger ist es, dass wir genau hinschauen und uns die Frage stellen, was eigentlich in unseren Produkten drinsteckt und welchen Einfluss sie auf unsere Umwelt haben.

Crashkurs INCI

Falls du schon mal den Versuch unternommen hast, die Liste der Inhaltsstoffe von einem Kosmetikartikel zu lesen, bist du wahrscheinlich über sehr viele kryptische Begriffe gestolpert. Der Grund dafür ist die INCI – die Internationale Nomenklatur für kosmetische Inhaltsstoffe. Eigentlich ist sie ziemlich praktisch, denn sie sorgt dafür, dass Inhaltsstoffe in vielen Ländern der Welt genau gleich angegeben werden.[103] Das ist zum Beispiel für Allergiker*innen wichtig und sinnvoll, weil sie so relativ einfach erkennen können, ob für sie relevante Stoffe in einem Produkt enthalten sind. Da für die Bezeichnung der Stoffe oft englische oder lateinische Begriffe genutzt werden, ist es allerdings mitunter schwierig zu verstehen, was genau gemeint ist. Oft reicht aber eine einfache Suche im Netz aus, um herauszufinden, welcher Begriff wofür steht – und mit der Zeit entwickelt man auch eine gewisse Routine.

Aus der INCI-Liste kann man auch Rückschlüsse auf die Konzentration der einzelnen Inhaltsstoffe ziehen. Diese müssen so gelistet werden, dass der Stoff, von dem am meisten im Produkt enthalten ist, an erster Stelle steht. Danach folgt der, der am zweitmeisten vorkommt, und so weiter.[104]

Codecheck-App: Praktisches Hilfsmittel?

Die App *Codecheck* wirbt damit, dass man Inhaltsstoffe ganz einfach prüfen kann, indem man den Barcode eines Produktes scannt.[105] Die App spuckt einem dann eine Liste der Inhaltsstoffe inklusive »Übersetzung« aus sowie eine Einschätzung dazu, ob ein Inhaltsstoff problematisch ist oder nicht. Das Problem: Die Inhaltsstofflisten bei Codecheck sind manchmal nicht aktuell. Du solltest also die Inhaltsstoffe des Produktes mit dem Ergebnis der App abgleichen, um sicherzugehen, dass du nichts übersehen hast.

Eine Alternative ist die App *ToxFox* vom BUND. Sie gibt dir ebenfalls durch Scannen des Barcodes Infos darüber, ob Schadstoffe in einem Produkt enthalten sind.[106]

Mikroplastik meiden

Ein großes Problem im Bereich Kosmetik ist Mikroplastik. In den letzten Jahren ist das Bewusstsein dafür, dass Mikroplastik eine Gefahr für die Umwelt darstellt, zwar gewachsen, aber es kommt immer noch so häufig in Kosmetikartikeln vor, dass man nicht oft genug darauf hinweisen kann, wie man es vermeidet.

Als Mikroplastik werden Plastikteilchen bezeichnet, die kleiner als 5 mm sind.[107] Dabei wird in der Regel zwischen primärem und sekundärem Mikroplastik unterschieden. Primäres Mikroplastik wird ganz gezielt produziert – zum Beispiel, um in Peelings oder Zahnpasta angewendet zu werden. Sekundäres Mikroplastik hingegen entsteht quasi unabsichtlich – aus größeren Plastikteilen, die durch physikalische, biologische und chemische Prozesse in Mikroplastik zerfallen. Das ist zum Beispiel auch der Fall, wenn beim Waschen von Fleece-Pullovern aus Polyester kleinste Partikel als Mikroplastik in das Abwasser gelangen.

Es gibt aber auch Mikroplastik, das per Definition nicht als solches bezeichnet wird, zum Beispiel, weil es in flüssiger Form vorkommt. Einige Shampoos enthalten flüssiges Plastik, das sich wie ein Film um das Haar legt und so das Ziepen verhindert.[108] Bisher ist nicht klar, wie genau sich dieses flüssige Mikroplastik auf die Umwelt auswirkt. Und da es nicht nachträglich aus der Umwelt entfernt werden kann, plädieren einige Umweltverbände wie der BUND dafür, nach dem Vorsorgeprinzip auch deren Eintrag in die Umwelt zu verhindern.[109]

Aber wie landet Mikroplastik eigentlich in der Umwelt? Das ist eine Frage, die gar nicht so leicht zu beantworten ist, denn es gibt ganz viele unterschiedliche Wege, auf denen (Mikro-)Plastik in die Umwelt gelangen kann. Durch den Abrieb von Reifen auf Asphalt entstehen zum Beispiel rund 100 000 Tonnen Mikroplastik pro Jahr, circa 400 Tonnen Chemiefasern (beispielsweise Polyester) werden durch das Waschen in der Waschmaschine gelöst und landen im Abwasser, und durch Kosmetikprodukte sowie Wasch-, Putz- und Reinigungsmittel kommen weitere 977[110] Tonnen Mikroplastik und 46 900 Tonnen gelöste Polymere pro Jahr hinzu.[111, 112] Das Problem ist, dass die Kläranlagen nicht in der Lage sind, das gesamte Mikroplastik aus dem Abwasser zu filtern, und es deshalb in der Umwelt landet. Außerdem zerfällt auch der Plastikmüll, der in der Natur zurückgelassen wird, irgendwann zu kleinsten Teilen und Mikroplastik entsteht. Hinzu kommen im Meer zurückgelassene

Fischernetze, die Beschichtung von Outdoorkleidung, die beim Waschen abgetragen bzw. durch Regen mit der Zeit regelrecht »abgewaschen« wird[113], und so weiter und so fort.

Es ist schwer, sich die Menge an Mikroplastik, die so in der Umwelt landet, vorzustellen. Vor allem, weil man Mikroplastik nicht bzw. kaum sehen kann. Wichtig für dich zu wissen ist aber, dass Mikroplastik inzwischen wirklich überall zu finden ist: in der Arktis[114], im Boden, in der Atmosphäre und sogar in unserem Körper! 2022 analysierten Forscher*innen der Vrije Universiteit Amsterdam das Blut von 22 anonymen Spender*innen und fanden in 17 der Proben Mikroplastik.[115]

Das Problem: Bisher ist nicht abschließend geklärt, wie genau sich (Mikro-)Plastik vor allem langfristig auf uns und die Umwelt auswirkt. Einige Beobachtungen konnten Forscher*innen aber bereits machen, die uns zumindest eine Idee davon gibt.

Vielleicht hast du schon mal vom sogenannten *Great Pacific Garbage Patch* gehört. Das ist eine Müllinsel im Pazifik, die inzwischen mehr als viermal so groß wie Deutschland ist und vor allem aus Plastikmüll besteht. Dieser Müll zerfällt mit der Zeit zu kleineren Plastikteilchen und schließlich zu Mikroplastik.[116] Viele Meereslebewesen verwechseln die bunten Teilchen mit Nahrung und nehmen so Plastik auf. Schätzungen zufolge sterben auf diese Weise jedes Jahr mehr als 100 000 Meeressäuger und eine Million Seevögel, weil sie Plastik zu sich nehmen, es nicht verdauen können und deshalb quasi mit vollem Magen verhungern.[117] Auch Fische und Meersalz sind inzwischen mit Plastik kontaminiert und bilden somit ein Weg, auf dem Plastik über die Nahrungskette schließlich im menschlichen Körper landet.

Wir nehmen Plastik aber zum Beispiel auch durch unsere Atmung auf, über unsere Haut oder über unseren Mund, wenn wir Plastikgeschirr nutzen. Gefährlich können uns und anderen Lebewesen dabei vor allem die Zusatzstoffe werden, mit denen Plastik behandelt wird, damit es seine spezifischen Eigenschaften erhält. Denn die können sich aus dem Plastik lösen und unserer Gesundheit schaden.

Problematische Zusatzstoffe in Plastik

Besonders gefährlich für uns Menschen sind die Zusatzstoffe im Plastik, die sich aus dem Material lösen können und von ihrer Struktur her unseren Hormonen ähneln. Sie können nämlich unseren Körper in gewisser Weise »manipulieren« und so im schlimmsten Fall eine Vielzahl von Erkrankungen zumindest begünstigen, wie zum Beispiel Herz-Kreislauf-Erkrankungen, Übergewicht, Unfruchtbarkeit und Diabetes.

Weichmacher: Weichmacher werden eingesetzt, um sprödes Plastik geschmeidig und biegsam zu machen. So besteht Weich-PVC beispielsweise zu 50 Prozent aus Weichmachern. Zu den bekanntesten Weichmachern gehören die Phthalate. Einige Stoffe dieser Gruppe wurden in der EU bereits verboten, weil sie als schädlich für die Fortpflanzung eingestuft wurden, einige sind nach wie vor erlaubt, obwohl Tierversuche zum Teil ähnlich schädliche Wirkungen gezeigt haben. Produkte, die häufig mit Phthalaten belastet sind, sind zum Beispiel Luftmatratzen, Nagellacke und in Plastik eingeschweißte fettreiche Lebensmittel.

Bisphenol A: Bisphenol A oder auch BPA wird ebenfalls häufig als Weichmacher bezeichnet, sorgt aber streng genommen dafür, dass spröde Kunststoffe stabil sind. Auch BPA steht im Verdacht, sich auf unseren Hormonhaushalt auszuwirken und ist deshalb seit 2011 EU-weit in Babyfläschchen sogar verboten. BPA wird vor allem für die Produktion von

Polycarbonat verwendet, das für Gehäuse von Elektrogeräten[118], Gewächshäuser und Scheckkarten verwendet wird.[119]

Flammschutzmittel: Flammschutzmittel sollen verhindern, dass Kunststoffe sich schnell entflammen. Sie kommen zum Beispiel in Sitzmöbeln, Matratzen oder Autos sowie Teppichböden, Elektrokabeln und Gehäusen von Computern oder Fernsehern zum Einsatz. Das Problem: Auch diese Substanzen stehen im Verdacht, hormonähnlich zu wirken, das Nervensystem zu schädigen und sogar krebserregend zu sein.[120, 121, 122, 123]

Am besten ist es deshalb, Plastik, so gut es geht, zu vermeiden und stattdessen auf alternative Materialien zu setzen. Im Badezimmer sollten wir daher die Inhaltsstoffe unserer Produkte genau ansehen und auf Mikroplastik untersuchen. Das hier sind einige der gängigsten Mikroplastik-Inhaltsstoffe in Kosmetik:

- Acrylate Copolymer (AC)
- Acrylate Crosspolymer (ACS)
- Butylene/ethylene/styrene Copolymer
- Dimethiconol
- Ethylene/propylene/styrene Copolymer
- Ethylene/acrylate Copolymer

- Ethylene/methacrylate Copolymer
- Methicone
- Polyamide (PA, Nylon)
- Polyacrylate (PA)
- Polymethylmetacrylate (PMMA)
- Polyquaternium (PQ)
- Polyethylene (PE)
- Polyethyleneglycol (PEG)
- Polyethyleneterephtalate (PET)
- Polypropylene (PP)
- Polypropyleneglycol (PPG)
- Polystyrene (PS)
- Polyurethane (PUR)
- Siloxane
- Styrene acrylates Copolymer[124]

Die Liste ist absolut nicht vollständig, denn es gibt um die 500 verschiedene Mikroplastik-Inhaltsstoffe, die in Kosmetikprodukten eingesetzt werden. Indem du in Zukunft beim Einkaufen darauf achtest, dass du Produkte ohne Mikroplastik kaufst, tust du nicht nur deiner Gesundheit etwas Gutes, sondern auch der Umwelt.

TIPP: Lade dir die App *Beat the Microbead* herunter

Mit der App kannst du ganz einfach die Liste der Inhaltsstoffe deiner Produkte scannen und bekommst angezeigt, welche Mikroplastik-Inhaltsstoffe unter Umständen enthalten sind. Besonders cool ist, dass die

Entwickler*innen auch mehr als einhundert Inhaltsstoffe berücksichtigen, die nicht direkt als Mikroplastik gelten, aber sich ähnlich toxisch auf den menschlichen Körper oder die Umwelt auswirken könnten. Außerdem wird auch flüssiges Plastik gelistet.[125]

Weitere kritische Inhaltsstoffe

Neben Mikroplastik gibt es noch eine ganze Reihe weiterer Inhaltsstoffe, auf die wir beim Kauf von Kosmetikprodukten achten können, um weder unserer Gesundheit noch der Umwelt zu schaden.

Konservierungsmittel

Konservierungsmittel sorgen dafür, dass sich Bakterien, Pilze & Co in unserer Kosmetik nicht vermehren und wir sie so bedenkenlos einige Monate nutzen können. Bestenfalls sollten dabei Stoffe zum Einsatz kommen, die uns nicht schaden. Im Moment sind aber immer noch Konservierungsmittel erlaubt, die zum Teil im Verdacht stehen, in unseren Hormonhaushalt einzugreifen, krebserregend zu sein oder Allergien auszulösen. Dazu zählen Parabene, halogenorganische Verbindungen, Isothiazolinone und Formaldehyde bzw. Formaldehyd-Abspalter.[126]

Paraffine

In vielen Kosmetikprodukten werden Paraffine verarbeitet. Sie werden zum Beispiel in Cremes eingesetzt, um die

Haut weich zu machen und vor Wasserverlust zu schützen. Paraffine werden allerdings aus Erdöl hergestellt und damit aus einem nicht-nachwachsenden fossilen Rohstoff. Im Sinne des Umweltschutzes sollte man deshalb darauf achten, dass die verwendeten Produkte keine Paraffine enthalten.[127]

Allergene Duftstoffe

Kosmetikprodukte sollen gut riechen – der Duft ist schließlich bei vielen Produkten auch ein Kaufargument! Zum Beispiel bei Deos, Shampoos oder Bodylotions. Oft werden dafür auch Stoffe aus der Liste der deklarierungspflichtigen Duftstoffe eingesetzt. Davon gibt es in der EU 26 Stück. Hersteller müssen sie ab einer bestimmten Konzentration angeben, weil eine erhöhte Gefahr besteht, dass sie Allergien auslösen.[128] Menschen, die sensibel auf Duftstoffe reagieren, sollten deshalb darauf achten, dass solche Stoffe in ihrer Kosmetik nicht enthalten sind. Eine Liste der Stoffe kann man ganz unkompliziert im Internet abrufen.[129]

#LessWaste-Alternativen

Plastik steckt nicht nur in unseren Kosmetikprodukten, sondern dient in den meisten Fällen auch als Verpackung. Klar, ist ja auch praktisch: Plastik ist bruchsicherer, leicht und billig in der Herstellung. Aber Plastik besteht eben auch aus Erdöl und damit einem nicht-nachwachsenden Rohstoff. Und den für eine Verpackung zu verschwenden, die nach einer Benutzung im Müll landet, ist eigentlich zu schade. Außerdem können in den Verpackungen schädliche

Chemikalien enthalten sein. Grund genug also, sich auf die Suche nach Alternativen zu begeben.

Das Schöne ist: Heute findet man in jedem Drogeriemarkt zahlreiche Alternativen, die weniger Müll verursachen. Die wohl bekannteste Alternative ist dabei das feste Produkt – also der feste Conditioner, das feste Shampoo oder die feste Bodylotion. Man nimmt dann zum Beispiel statt einer Flasche mit flüssigem Shampoo einfach ein festes Produkt mit in die Dusche, das an ein Stück Seife erinnert. Darin steckt aber im Prinzip genau das, was auch im flüssigen Pendant steckt – nur eben ohne Wasser und dafür mit mehr fetthaltigen Komponenten, die das Produkt zusammenhalten. Die festen Produkte kommen ohne Verpackung aus oder sind maximal in Karton eingepackt. So wird im Vergleich zum Shampoo in der Plastikflasche eine Menge Müll gespart. Ein weiterer Bonus: Dadurch, dass kein Wasser enthalten ist, kommt das feste Produkt in der Regel ohne Konservierungsmittel und mit weniger Duft- und Farbstoffen aus.[130]

IST DIE ÖKOBILANZ VON FESTEM SHAMPOO WIRKLICH BESSER?

Die Ökobilanz beschreibt die Umweltauswirkung eines Produktes über den gesamten Lebenszyklus hinweg.[131] Es wird also geschaut, wie sich ein Produkt von den verwendeten Rohstoffen über die Produktion bis hin zur Nutzung und Entsorgung auf die Umwelt auswirkt. 2020 hat sich die Stiftung Warentest angesehen, wie die Ökobilanz von festem Shampoo im Vergleich zum flüssigen Shampoo ausfällt. Das Ergebnis: Produktion und Transport von festem Shampoo sind in der Tat deutlich umweltfreundlicher als bei klassischen Shampoos.[132] Aber: Der Großteil der Umweltauswirkungen ergibt sich in der Nutzungsphase. Wer also immer lange und warm seine Haare wäscht, der sorgt dafür, dass der Umwelt-Vorteil des festen Shampoos kleiner wird. Deshalb gilt: Lieber kurz und weniger warm duschen, dann hat sich das feste Produkt doppelt gelohnt.

***Zero Waste Swaps* für dein Badezimmer:**
Vorher → *Zero Waste*-Alternative

Shampoo & Conditioner in Plastikverpackung → festes Shampoo & Conditioner, in Pappe verpackt

Bodylotion in Plastikverpackung → feste Bodylotion, in Pappe verpackt

Zahnbürste aus Plastik → Zahnbürste aus Bambus oder Holz (wichtig: Borsten vor dem Entsorgen mit Zange rauszupfen und ab in den Restmüll damit)

Zahnseide aus Plastik in Plastikverpackung → Zahnseide aus nachwachsenden Rohstoffen in nachfüllbarer Verpackung

Peeling mit Mikroplastik-Perlen, in Plastik verpackt → *Do it Yourself*-Alternative aus Kaffeesatz

Handseife im Einweg-Seifenspender aus Plastik ⟶ ein Stück feste Seife, unverpackt

Make-up, Mascara & Co, in Plastik verpackt ⟶ auch hier gibt es inzwischen einige Marken, die in Pappe verpacken oder sogar nachfüllbare Alternativen anbieten (zum Beispiel *Miild, Nui, fabel* oder *We luv eco*)[133]

Ist Naturkosmetik immer besser?

Unter zertifizierter Naturkosmetik[134] versteht man Produkte, die nach einem der gängigen Standards als Naturkosmetik gesiegelt wurden. Das heißt, dass abhängig vom jeweiligen Standard ein bestimmter Anteil an biologischen Zutaten enthalten sein muss und einige Stoffe verboten sind, die sonst gerne in Kosmetik zum Einsatz kommen. In der Regel sind das erdölbasierte Inhaltsstoffe sowie synthetische Konservierungs-, Farb- und Duftstoffe und gentechnisch veränderte Stoffe. Zu den bekanntesten Siegeln gehören *Ecocert*, *Natrue*, *Cosmos* und *BDIH*.[135,136]

Seit einigen Jahren ist die Zertifizierung nach *Cosmos*-Standard eine Voraussetzung für die Vergabe des *Ecocert*- und *BDIH*-Siegels. Sprich: Wer heute ein *Ecocert*-Siegel auf seine Produkte drucken will, der muss vorher nachweisen, dass seine Produkte dem *Cosmos*-Standard entsprechen.

Bei *Cosmos* gibt es zwei Abstufungen: *Cosmos Natural* und *Cosmos Organic*. Was die beiden Stufen gemeinsam haben, ist der Verzicht auf petrochemische Inhaltsstoffe, Tierversuche und gentechnisch veränderte Substanzen sowie der Einsatz recycelbarer oder biologisch abbaubarer Verpackungen. Der Unterschied liegt im Bio-Anteil der Produkte. Bei *Cosmos Organic* müssen 95 Prozent der pflanzlichen Inhaltsstoffe biologisch angebaut worden sein.[137] Der Bio-Anteil muss mindestens 20 Prozent der Inhaltsstoffe des Gesamtproduktes ausmachen.[138] Bei *Cosmos Natural* ist das nicht Vorschrift.

Ein Naturkosmetik-Siegel schließt also vieles aus, was die meisten umweltbewusst lebenden Menschen nicht in ihrer Kosmetik haben wollen. Aber eben nicht alles. So sind zum

Beispiel ätherische Öle mit hohem Allergiepotenzial, einige reizende Konservierungsmittel und aggressive Tenside in Naturkosmetik-Produkten mitunter zugelassen. Außerdem sind die Siegel pauschal kein Garant dafür, dass biologische Inhaltsstoffe zum Einsatz kommen. Und: Tierische Inhaltsstoffe sind nicht verboten, was vor allem Vegetarier*innen und Veganer*innen vor eine Herausforderung stellt.[139] Denn: Bei Pigmenten, also farbgebenden Teilchen für Lippenstifte und Co, dürfen sogar explizit nur solche eingesetzt werden, die pflanzlichen, tierischen oder mineralischen Ursprungs sind. Das führt dazu, dass rote Naturkosmetik-Lippenstifte quasi ausnahmslos Karmin enthalten (auf der INCI-Liste als CI 75470 zu erkennen). Karmin ist ein roter Farbstoff, der aus dem Blut von Schildläusen gewonnen wird und nur durch synthetische Pigmente ersetzt werden kann. Genau die sind aber in Naturkosmetik verboten.[140]

Naturkosmetik-Siegel können im Geschäft für Orientierung sorgen, ersetzen aber nicht den Blick auf die Liste der Inhaltsstoffe. Denn auch hier können problematische Stoffe enthalten sein, vor allem für Veganer*innen und Menschen, die zu Allergien neigen. Außerdem sind diese Siegel mitunter teuer, weshalb einige Firmen ganz bewusst auf Siegel verzichten. Es lohnt sich also, auch Firmen eine Chance zu geben, deren Produkte nicht gesiegelt sind, die aber auf dich einen vertrauenswürdigen Eindruck machen. Zum Teil wird man hier durch höhere Bio-Anteile und strengere Verbotslisten positiv überrascht.

Kleidung

Wir müssen über Kleidung sprechen. Ja, Kleidung, denn tatsächlich verursacht die Bekleidungsindustrie Schätzungen zufolge rund 10 Prozent der globalen Treibhausgasemissionen.[141] Das ist mehr, als alle internationalen Flüge und die Seeschifffahrt zusammen verursachen.[142] Kein Wunder, denn wir alle verbrauchen inzwischen viel zu viel Kleidung. Das Wort verbrauchen ist dabei ganz bewusst gewählt, denn längst haben wir mehr Kleidung im Schrank, als irgendjemand wirklich *braucht*. Und schuld daran ist unser Konsum und das System, das ihn anheizt.

Um das Problem zu verstehen, tauchen wir in die Geschichte der Fashion-Industrie ab. Denn die Basis für das, was wir heute als *Fast Fashion* oder – noch schlimmer – *Real-Time-Fashion* kennen, wurde bereits vor vielen Jahrzehnten geschaffen.

Schon im 14. Jahrhundert wurde Mode zunehmend wichtiger, um sich selbst auszudrücken. Den Spruch »Kleider machen Leute«[143] haben wahrscheinlich die meisten schon einmal gehört, und da ist viel Wahres dran. Kleidung spielt damals wie heute eine wichtige Rolle dabei, die eigene Identität nach außen hin sichtbar zu machen und Gruppenzugehörigkeiten zu zeigen. Die Bedeutung von Kleidung für den Ausdruck der Identität ist der erste wichtige Baustein für die Entwicklung von Fast Fashion.

Die technische Basis für unsere heutige Mode-Welt wurde im Zuge der Industrialisierung geschaffen. Sie machte es möglich, dass die Produktion von Mode zunehmend einfacher und kostengünstiger wurde. Während man früher noch für jedes Kleidungsstück zum Schneider oder der Schneiderin ging, um es sich anfertigen zu lassen, war es nun möglich, Kleidung »von der Stange« zu kaufen. Inzwischen wurden diese Prozesse durch die zunehmende Technisierung der Produktion natürlich noch einmal beschleunigt – wobei die Mode-Industrie insgesamt noch auf verhältnismäßig viel Handarbeit angewiesen ist.

Der dritte Baustein, der das System *Real-Time-Fashion* überhaupt erst ermöglicht, ist die Globalisierung. Gemeint ist, dass weltweit zunehmend Waren, Geld und Arbeitskräfte ausgetauscht werden[144], was dazu führt, dass insbesondere die Wirtschaft und der Handel immer enger zusammenwachsen. Für die Modeindustrie bedeutete das vor allem die Auslagerung der Produktion ins Ausland – und zwar in solche Länder, wo niedrige Löhne gezahlt werden und Arbeitnehmer*innenrechte keinen hohen Stellenwert haben. Das sind insbesondere Länder des Globalen Südens. Durch diese Auslagerung wurde Mode günstig, und das ist eine wichtige Voraussetzung dafür, dass sich *Fast Fashion* & Co überhaupt erst entwickeln konnten.

Mode ist also Teil unseres Selbstausdrucks, kann in Masse und vor allem günstig produziert werden – das alles sind perfekte Voraussetzungen für die Entwicklung von *Fast Fashion* & Co. In den 90er-Jahren ging es dann unter Führung von Unternehmen wie Zara und H&M mit der Massenproduktion und dem Massenkonsum von Kleidung los. Die Geburtsstunde der *Fast Fashion* (»schnelllebige Mode«). Plötzlich gab es nicht mehr zwei Kollektionen pro Jahr, sondern jede Woche lockten die Unternehmen ihre

Kund*innen mit neuen Teilen in die Geschäfte. Ab den 2010er-Jahren kamen mit Shops wie Asos Akteure aus dem Bereich der *Ultra-Fast Fashion* dazu. Hier wird noch mehr Kleidung noch schneller designt. Während bei Zara durchschnittlich 200 neue Teile pro Woche in den Shop kommen, sind es bei Asos rund 4500 Teile.[145]

Mit Beginn der 2020er-Jahre startete dann eine neue Ära, die alles, was wir bis dahin kannten, noch übertraf: Die *Real-Time-Fashion*, die von Unternehmen wie SHEIN perfektioniert wurde. Bis zu 50 000 (!) neue Teile landen pro Woche im Shop von SHEIN.[146] Das ist eine unfassbar große Menge. Normalerweise gibt es in der Modewelt ein paar Kollektionen pro Jahr, die sorgfältig und von langer Hand geplant werden. SHEIN wählt einen ganz anderen Ansatz. Hier machen nicht mehr nur Menschen die Arbeit, sondern die Technik: Sie analysieren mithilfe eines Algorithmus permanent die Trends in den sozialen Medien, geben dann ein Design in Auftrag, produzieren eine geringe Stückzahl und das Design landet im Shop. Wenn es sich gut verkauft, wird nachproduziert. So kann SHEIN binnen weniger Tage auf Trends reagieren – das ist unfassbar schnell. Und dabei ist SHEIN auch noch unfassbar günstig. T-Shirts kriegt man ab drei Euro und wenn man auf die Seite geht, wird man zusätzlich noch mit Rabattcodes überhäuft.

Allerdings steht dieses Modell stark in der Kritik, denn die Designs sind oft geklaut, etwa von jungen Designer*innen, die ihre Entwürfe in den Sozialen Medien präsentieren.[147, 148] Außerdem ist die App wie ein Spiel gestaltet. Es wird befürchtet, dass man durch den Spiel-Charakter zusätzlich zu Konsum getrieben wird. Auch die Arbeitsbedingungen sind immer wieder Thema in den Medien, aber dazu kommen wir später.

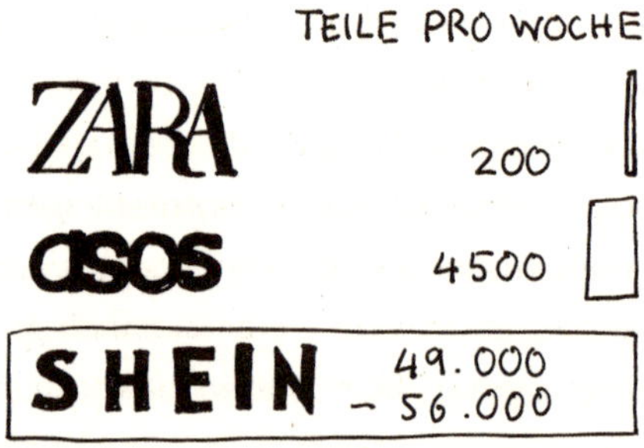

Mode wurde in den letzten Jahrzehnten also immer verfügbarer, Trends immer kurzlebiger und unser Konsum an Kleidung ist in die Höhe geschnellt. Das macht in der Logik der *Fast-/Ultra-Fast-/Real-Time-Fashion*-Unternehmen vielleicht Sinn, ist aber eine Katastrophe für die Umwelt. Schließlich ist die Produktion von Kleidung sehr ressourcenintensiv. So werden zum Beispiel für die Produktion eines einzigen T-Shirts 2700 Liter Wasser gebraucht.[149] Ressourcen also, die oft verschwendet werden, weil Kleidung zunehmend auch von schlechterer Qualität ist – sie muss ja auch nicht so lange halten, schließlich ist die nächste Kollektion nicht weit entfernt. Kleidung ist zur Wegwerfware geworden, und das hat Konsequenzen, sozial wie ökologisch.

Wir alle haben Schrankleichen

Aber wie groß ist das Problem mit der »Wegwerfware Kleidung«? Genau das wollte die Umweltschutzorganisation *Greenpeace* herausfinden und hat deshalb mehr als 1000 Personen zwischen 18 und 69 Jahren befragt. Die Ergebnisse der Umfrage zeigen, wie stark Kleidung sich im *Fast-Fashion*-Zeitalter zum Einweg-Produkt entwickelt hat.[150]

Laut Hochrechnungen von *Greenpeace* liegen rund zwei Milliarden Kleidungsstücke praktisch ungetragen in deutschen Kleiderschränken rum – eine ziemlich große Menge also. Das liegt daran, dass jede*r Deutsche im Schnitt 95 Kleidungsstücke besitzt, wovon etwa jedes fünfte so gut wie nie getragen wird. Ebenso viele Kleider werden nur »selten« getragen, also seltener als alle drei Monate. Das summiert sich hochgerechnet auf alle Deutschen insgesamt auf zwei Milliarden Kleidungsstücke. Das bedeutet, dass sage und schreibe 40 Prozent der Kleidungsstücke nur für den Schrank produziert wurden. Wahnsinn, oder?

Spannend ist auch, dass die Lebensdauer von Kleidung erschreckend kurz ist: Rund die Hälfte der Befragten gab an, Schuhe, Oberteile und Hosen nach weniger als einem Jahr wieder auszusortieren. Jacken, Mäntel und Kleider hingegen behalten wir mehr als drei Jahre, bevor sie Platz für Neues schaffen müssen. Fast 50 Prozent der Befragten gaben außerdem an, aussortierte Kleidung in den Müll geschmissen zu haben. Die Top-Gründe für das Aussortieren waren Verschleiß (92 Prozent der Befragten) und weil die Kleidung nicht mehr passt (72 Prozent der Befragten, Mehrfachnennungen waren möglich). Sprich: Unsere Kleidung geht heute sehr schnell kaputt, was zur Folge hat, dass wir sie wegschmeißen oder in Altkleidersammelcontainer geben.

Kleidung hat keinen Wert mehr, das zeigt sich auch dadurch, dass nur jeder Siebte in der *Greenpeace*-Umfrage angab, in letzter Zeit Kleidung repariert zu haben. Die Hälfte der Befragten hat noch nie Kleidung zur Reparatur gebracht.

> »Besonders den Jüngeren ist die Mülltonne näher als der Schuster: 58 Prozent der 18- bis 29-Jährigen sind noch nie zum Schuster gegangen. Zum Vergleich: Bei der Altersgruppe 60+ ist dies nur bei jedem Fünften der Fall.«
>
> **Greenpeace-Studie »Wegwerfware Kleidung«**

Es liegen also sehr viele Kleidungsstücke ungenutzt im Schrank, wir sortieren schnell aus, weil Kleidung nicht mehr lange hält, und vor allem für junge Menschen spielt die Reparatur von Kleidung praktisch keine Rolle mehr. Das spricht dafür, dass wir uns sehr stark von dem handwerklichen Produkt »Kleidung« entfernt haben. Uns fehlt der Bezug zu der Arbeit, die hinter einem T-Shirt, einer Hose usw. steckt. Das liegt nicht zuletzt daran, dass der Preis, den wir in Deutschland für Mode zahlen, diese Arbeit und auch die Ressourcen, die in einem Kleidungsstück stecken, nicht ansatzweise widerspiegelt. Hier spielen wieder externalisierte Kosten eine entscheidende Rolle. Denn die meisten Modeunternehmen lagern einen Teil der Kosten aus, um den Konsument*innen in Deutschland günstige Preise bieten zu können.

Externalisierte Kosten in der Modeindustrie – Beispiel Lederherstellung

Leder wird aus Tierhäuten gemacht. Bis die aber zur schicken Tasche werden, ist es ein langer Weg. Der erste Schritt, damit aus der Rohhaut Leder werden kann, ist das Äschern. In diesem Prozess werden die Haare entfernt, der Fettanteil reduziert und die Haut so auf das Gerben vorbereitet. Beim Äschern nimmt man schon großen Einfluss auf die späteren Eigenschaften des Leders: Je länger geäschert wird, desto weicher wird das Leder später. In diesem Schritt setzen die Verarbeiter Calciumhydroxid und Natriumsulfid ein. Das Ergebnis sind giftige Abwässer.[151]

In Europa müssen diese von hauseigenen Kläranlagen gereinigt werden – ein Faktor, der den Preis für die Herstellung des Leders in die Höhe treibt. Das ist aber nicht überall so streng reguliert, in vielen asiatischen Ländern sind die Regeln deutlich laxer. Kein Wunder also, dass 80 Prozent des weltweit verwendeten Leders auf dem asiatischen Kontinent verarbeitet werden.[152] Ein besonders krasses Beispiel dafür ist die Region Kanpur in Indien. In den zahlreichen Gerbereien arbeiten nicht nur die Gerber*innen unter extrem schlechten Bedingungen, weil sie ungeschützt mit Chemikalien wie Chrom VI hantieren, sondern auch der Rest der Bevölkerung leidet unter der ansässigen Industrie. Die Flüsse sind verseucht, das Grundwasser von schlechter Qualität, und die Felder der Bevölkerung infolgedessen kaum noch zu bewirtschaften.[153] Der Grund: Die Chemikalien landen ungefiltert in der Umwelt.[154]

Was für den Hersteller des Leders also eine Kostenersparnis bedeutet, heißt für die Menschen vor Ort, dass Nahrungsmittel aus anderen Regionen zugekauft werden müssen, genauso wie Trinkwasser, da das Wasser vor Ort durch die Chemikalien verseucht ist.

Mit dem nächsten großen Verarbeitungsschritt, dem Gerben, wird das Leder schließlich gebrauchsfähig. Die Gerber*innen behandeln die Häute so, dass sie widerstandsfähig werden und nicht mehr zersetzt werden können. Außerdem bestimmt die Art der Gerbung auch die Festigkeit und Flexibilität der Häute. Die Gerbung mit Chromsalzen steht dabei schon länger in der Kritik. Denn sie setzt Stoffe frei, die die Menschen und Tiere, die damit in Kontakt kommen, vergiften können. Chrom VI gilt als allergieauslösend und außerdem als krebserregend.[155, 156] Da es auch an Arbeitsschutzbestimmungen mangelt, stehen die Gerber*innen teils ganz ohne Schutzkleidung im giftigen Schlamm. Die Folgekosten für die Behandlungen der dadurch entstehenden Krankheiten tragen die Familien oder das örtliche Gesundheitssystem. Die Einzigen, die von dieser Praxis profitieren, sind die Hersteller, die die Gewinne einfahren, und wir als Konsument*innen, die niedrige Preise zahlen.

Leute machen Kleider

Kleider machen Leute – aber Leute machen eben auch unsere Kleider. Und das wird oft vergessen, wenn man ein Drei-Euro-T-Shirt in der Hand hält und sich über das geschossene Schnäppchen freut. Die Bedingungen, unter denen Kleidung produziert wird, sind leider überwiegend unfair. Der Großteil der globalen Textilproduktion wurde in Niedriglohnländer mit geringen Sozial- und Umweltstandards ausgelagert, ähnlich, wie es bei der Lederproduktion der Fall ist. Die Konsequenz ist, dass die Ausbeutung von Mensch und Umwelt praktisch zu jedem Verarbeitungsschritt in der textilen Produktion dazugehört. Sie beginnt auf den Baumwollfeldern, die teils aus der Luft von Flugzeugen mit Pestiziden besprüht werden[157], die die Arbeiter*innen krank macht. Und sie geht weiter in den Textilfabriken, in denen immer noch viel zu häufig Richtlinien zum Schutz der Textilarbeiter*innen verletzt werden, was zu Bränden oder im Extremfall Katastrophen wie dem Rana-Plaza-Unglück 2013 führt.

Das Rana-Plaza-Unglück

Am 24. April 2013 ereignete sich das sogenannte Rana-Plaza-Unglück in Bangladesch. Damals stürzte eine komplette Textilfabrik ein, mehr als 1100 Arbeiter*innen verloren an diesem Tag ihr Leben. Die Bilder der eingestürzten Fabrik gingen um die Welt. Besonders tragisch an diesem Unglück ist, dass es wahrscheinlich hätte verhindert werden können. Zu diesem Schluss kam eine Untersuchungskommission. Die Baumängel an dem Gebäude waren den Verantwortlichen wohl bekannt – und trotzdem zwangen sie ihre Mitarbeiter*innen, in dem achtstöckigen Gebäude zu arbeiten. An diesem Standort hätte außerdem nie ein Gebäude dieser Größe errichtet werden dürfen.[158,159]

Die *Kampagne für Saubere Kleidung* ist eine NGO, die sich für menschenwürdige Arbeitsbedingungen in der Textilindustrie einsetzt. Denn: Der Arbeitsalltag einer Näherin[160] ist extrem hart. Eine Sieben-Tage-Woche mit 80 Wochenarbeitsstunden ist die Regel, dafür werden Hungerlöhne bezahlt und die Menschen begeben sich mit ihrem Job zum Teil in Lebensgefahr.[161,162] Die NGO hat deshalb neun Forderungen formuliert, damit die Textilproduktion insgesamt nachhaltig und sozial wird[163]:

- Keine Kinderarbeit
- Keine Zwangsarbeit
- Keine Diskriminierung
- Keine exzessiven Arbeitszeiten
- Vereinigungsfreiheit
- Recht auf Kollektivverhandlungen, Sicherheit und Gesundheitsschutz
- Existenzsichernder Lohn
- Festes Beschäftigungsverhältnis
- Ökologisch nachhaltig

Wichtig zu wissen ist, dass nicht nur Billigkleidung unter schlechten Bedingungen produziert wird. Auch Luxusmodemarken vergeben ihre Aufträge zum Teil an Fabriken, in denen Umwelt- und Sozialstandards kleingeschrieben und niedrige Löhne gezahlt werden. Ein hoher Preis heißt also nicht automatisch, dass die Arbeiterinnen auch besser bezahlt werden.

Aber wer verdient eigentlich wie viel an einem konventionell erzeugten T- Shirt für 19 Euro? Klar ist, die Näherin verdient daran nicht wirklich etwas – das haben zumindest Recherchen der Romero Initiative ergeben. Rund 10 Cent betragen die Lohnkosten, das sind gerade einmal 0,5 Prozent des Kaufpreises. Der größte Teil verbleibt mit knapp 9,50 Euro beim Handel, der davon dann seine laufenden Kosten decken muss.[164]

Das reicht für die Näherinnen oft nicht zum Leben aus, weshalb NGOs wie die Kampagne für Saubere Kleidung schon lange fordern, dass sich Modekonzerne dazu verpflichten müssen, entlang ihrer Lieferkette faire bzw. existenzsichernde Löhne zu zahlen. Als existenzsichernd gilt ein Lohn, wenn er die Lebenshaltungskosten der Arbeiter*innen und ihrer Familien abdeckt und es ihnen gleichzeitig ermöglicht, Rücklagen zu bilden. Laut ILO (*International Labour Organization*) muss dieser Lohn innerhalb einer Standardarbeitswoche mit nicht mehr als 48 Stunden erwirtschaftet werden können.[165]

WAS IST DIE ILO?

Die ILO (Internationale Arbeitsorganisation) ist eine Organisation der Vereinten Nationen, die das Ziel verfolgt, die Rechte der Arbeitnehmer*innen bei der Arbeit weiterzuentwickeln, menschenwürdige Arbeit zu fördern, den Sozialschutz zu verbessern und die Arbeitsbeziehungen zu stärken. Dafür bringt sie Vertreter*innen von Regierungen, Arbeitgeber*innen und Arbeitnehmer*innen zusammen.[166]

Besonders bekannt sind die von der ILO formulierten Kernarbeitsnormen. Das sind internationale Übereinkommen darüber, wie Arbeitsverhältnisse gestaltet werden sollten. An ihnen orientieren sich (zumindest nach eigenen Angaben) viele Unternehmen. Dazu zählen: das Verbot von Zwangsarbeit, die Vereinigungsfreiheit, das Recht auf Kollektivverhandlungen, die Gleichheit des Lohnes, das Verbot der Diskriminierung in Beschäftigung und Beruf sowie das Verbot der Kinderarbeit.

Leider sind wir momentan noch weit davon entfernt, dass existenzsichernde Löhne gezahlt werden. Selbst die Zahlung von Mindestlöhnen reicht oft nicht aus. Das gilt übrigens nicht nur für Länder in Asien, sondern auch für viele europäische Staaten, wie eine Recherche der Kampagne für Saubere Kleidung ergeben hat.[167]

So groß ist der Unterschied zwischen dem Mindestlohn und dem existenzsichernden Lohn

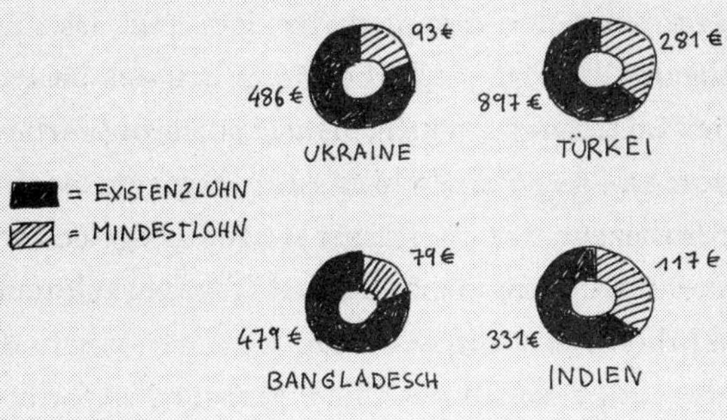

Klar ist also: Wir müssen etwas an unserem Modekonsum verändern. Gut wäre grundsätzlich eine Reduzierung, damit nicht so viele Ressourcen ungenutzt in unseren Schränken rumliegen und am Ende weggeschmissen werden. Und wer weniger konsumiert, der hat in der Regel auch mehr Geld übrig, das er oder sie in ein einzelnes Kleidungsstück investieren kann. Denn es gibt sie, die fairen Alternativen, bei denen die Textilarbeiter*innen ordentlich entlohnt werden.

Man spricht dann von fairer Mode oder *Fair Fashion*. Diese Unternehmen zeichnen sich dadurch aus, dass sie ganz bewusst die Rechte der Arbeitnehmer*innen stärken, sich oft sogar in NGOs engagieren und sehr transparent mit ihren Lieferketten umgehen. Und: Sie lassen sich und ihre Lieferketten oft durch eine unabhängige Instanz überprüfen, weshalb ihre Kleidung bestimmte Textilsiegel trägt. Das erleichtert dir die Kaufentscheidung! Die wichtigsten Siegel für faire Kleidung lernst du im nächsten Kapitel kennen.

Durchblick im Siegel-Dschungel

Wer beim Einkaufen darauf achtet, der stellt fest: Siegel sind überall. Das ist praktisch, denn Siegel können vor allem im Textilbereich bei der Orientierung helfen. Leider sind nicht alle Siegel gleich verlässlich. Ganz im Gegenteil: Siegel haben zum Teil überhaupt keine Aussagekraft, weil sie zum Beispiel vom Hersteller selbst entwickelt wurden und gar keine unabhängige Prüfung der Waren stattfindet.[168] Ein gutes und verlässliches Siegel hingegen zeichnet sich dadurch aus, dass ...

- es von einer unabhängigen Stelle vergeben wird,
- die Kriterien, um das Siegel zu erhalten, klar definiert sind,
- die Kriterien bei Sozial- und Umweltsiegeln streng genug sind, um wirklich einen Unterschied zu machen, und bestenfalls die gesamte Lieferkette betreffen,

– die Einhaltung der Richtlinien regelmäßig und unabhängig kontrolliert wird.

Auf welche Siegel kannst du beim Kauf von Kleidung achten, wenn du faire und nachhaltige Mode einkaufen willst?[169]

GOTS (*Global Organic Textile Standard*)[170]: Der GOTS ist das weltweit führende Siegel für Kleidung aus biologisch erzeugten Naturfasern. Kleidung, die das GOTS-Siegel trägt, muss strenge Umwelt- und Sozialstandards erfüllen, und zwar entlang der gesamten Produktionskette – also vom Anbau der Fasern auf dem Feld über die Veredlung der Stoffe bis hin zur eigentlichen Produktion muss nachgewiesen werden, dass die Kriterien des Siegels erfüllt werden. Synthetische Fasern (also zum Beispiel Polyester) sind bei GOTS-zertifizierter Kleidung nur erlaubt, wenn sie weniger als 30 Prozent des Endproduktes ausmachen und recycelt[171] sind.[172]

IVN Best[173]: IVN gilt als das strengste Siegel für Kleidung aus Naturmaterialien. Im Gegensatz zum GOTS-Standard sind synthetische Fasern hier überhaupt nicht erlaubt – alle Kleidungsstücke, die das Siegel tragen, bestehen also zu 100 Prozent aus pflanzlichen oder tierischen Naturfasern wie Baumwolle, Leinen oder Wolle. Zertifiziert wird auch hier die gesamte Fertigung eines Produktes. Die Richtlinien für Chemikalien sind an den GOTS-Standard angelehnt, das IVN-Best-Siegel ist aber strenger bei Material- und Sozialstandards.[174]

Bluesign[175]: Bei Bluesign stehen die Chemikalien im Vordergrund, die bei der Herstellung von Textilien eingesetzt werden. Das Siegel deckt dabei die Bereiche Konsumentenschutz, Abwasser, Abluft, Arbeitssicherheit und Ressourcenproduktivität ab. Textilien, die das Siegel tragen, wurden also möglichst schadstoffarm produziert.[176]

Cradle to Cradle[177]: Der Grundgedanke bei Cradle to Cradle lautet, Produkte zu kreieren, die »von der Wiege zur Wiege« geführt werden, also keinerlei Müll verursachen. Die Produkte werden nach verschiedenen Kriterien beurteilt, darunter Materialgesundheit, Kreislauffähigkeit, Einsatz erneuerbarer Energien, soziale Fairness und verantwortungsvoller Umgang mit Wasser. Am Ende werden die Produkte stufenweise zertifiziert: Es gibt Basic, Bronze, Silber, Gold und Platin.[178]

OEKO-TEX Standard 100[179]: Der Standard 100 von OEKO-TEX ist kein Textilsiegel, das faire Mode kennzeichnet. Aber man findet ihn sehr oft auf Textilien, deshalb ist es wichtig zu wissen, wofür das Siegel steht: Kleidung, die dem Standard 100 entspricht, ist garantiert frei von Schadstoffen.[180]

OEKO-TEX Made in Green[181]: Um das *Made in Green*-Siegel von OEKO-TEX zu bekommen, muss ein Kleidungsstück dem Standard 100 entsprechen und die Produktionsstätten, in denen es gefertigt wurde, müssen nach dem STeP-Standard von OEKO-TEX zertifiziert sein. So gibt das Siegel nicht nur Auskunft darüber, dass das Kleidungsstück frei von Schadstoffen ist, sondern »besiegelt« auch, dass die Produktion nachhaltig und fair ablief.[182]

***Fairtrade* Textilstandard**[183]: Kleidung, die dieses Siegel trägt, wurde unter besonders fairen Bedingungen produziert: Mindestens 50 Prozent der Fasern müssen entweder *Fairtrade*-zertifiziert sein oder ein anderes verlässliches Siegel tragen. Außerdem müssen alle Fabriken *Fairtrade*-zertifiziert sein. Es ist außerdem das einzige Siegel, das den Unternehmen vorschreibt, dass sie innerhalb von sechs Jahren existenzsichernde Löhne zahlen müssen, um die Zertifizierung zu behalten.[184]

Grüner Knopf[185]: Der Grüne Knopf ist das erste staatliche Textilsiegel Deutschlands. Er wurde 2019[186] ins Leben gerufen und seitdem weiterentwickelt. Der Grüne Knopf stellt Anforderungen an das Produkt und das Unternehmen. Auf der Unternehmens-Ebene wird geprüft, ob das Unternehmen seiner sozialen, menschenrechtlichen und ökologischen Verantwortung nachkommt. Auf der Produkt-

Ebene verzichtet der Staat allerdings darauf, die Einhaltung der Kriterien selbst zu prüfen und verlässt sich stattdessen darauf, dass die Hersteller mithilfe anderer, oben genannter Siegel nachweisen, dass sie die Kriterien erfüllen. Leider umfasst der Grüne Knopf bisher nicht alle Arbeitsschritte entlang der Produktionskette von Textilien. Das soll sich aber in den kommenden Jahren ändern.[187]

TIPP

Auf der staatlichen Plattform Siegelklarheit kannst du ganz gezielt nach Siegeln suchen und dir anzeigen lassen, ob sie vertrauenswürdig sind.

Gehe dazu auf: www.siegelklarheit.de

KANN KLEIDUNG VOM DISCOUNTER, DIE DAS GOTS-SIEGEL TRÄGT, WIRKLICH FAIR SEIN?

Faire Mode ist zum Glück inzwischen kein reines Nischenthema mehr, sondern hat es sogar geschafft, die Wühltische in Discountern zu erobern. Immer häufiger findet man bei Aldi, Lidl & Co Kleidung, die vertrauenswürdige Textilsiegel wie zum Beispiel den GOTS trägt. Aber kann das wirklich nachhaltig sein? Grundsätzlich gilt: Diese Siegel sind sehr vertrauenswürdig und deshalb kann man sich darauf verlassen, dass diese Kleidung umweltfreundlich und fair produziert wurde.

Allerdings wird in diesem Fall auf Masse produziert, weshalb ein GOTS-Shirt vom Discounter auch günstiger ist als ein GOTS-Shirt von einem *Fair-Fashion*-Label. Darüber hinaus haben Discounter in der Regel auch noch viele unfaire Produkte im Portfolio. Man unterstützt also ein Unternehmen, das nicht ganzheitlich nachhaltig und fair agiert. Konsequenter wäre es deshalb, bei Unternehmen zu kaufen, die schon heute ausschließlich nachhaltige und faire Produkte produzieren. Da sich das aber nicht jede*r leisten kann, sind die fairen Kleidungsstücke vom Discounter eine gute Alternative.

Alternative Konsumstrategien

Kleidung muss natürlich nicht immer neu gekauft werden, im Gegenteil: Heute gibt es viele tolle Alternativen zum Neukauf, die oft sogar Geld sparen.

Secondhand kaufen

Wer secondhand kauft, der ist nicht nur unabhängig von dem, was gerade im Trend ist, sondern spart in der Regel auch jede Menge Kohle ein. Dank *Vinted* & Co kann man sogar ganz gezielt nach einzelnen Kleidungsstücken suchen. Plattformen wie *momox Fashion* machen es sogar möglich, dass man gebrauchte Kleidung anprobieren und wieder zurückschicken kann, wenn sie einem nicht gefällt. Natürlich geht Secondhand-Shopping auch analog. Bekannte Ketten, die man in Deutschland häufig findet, sind zum Beispiel *Humana* und *ReSales*.

Kleidertausch-Partys

Noch günstiger, als secondhand zu kaufen, ist es, seine Kleider zu tauschen. Denn dafür braucht man schlichtweg gar kein Geld. Tausch-Partys werden oft von lokalen Umweltschutzgruppen organsiert, aber du könntest auch selbst aktiv werden und eine Party in deinem Freundeskreis schmeißen. Wenn davor alle aussortieren, dürfte genug Tausch-Stoff vor Ort sein.

Kleidung leihen

Vor allem Kleidung für besondere Anlässe trägt man oft nur einmal, bevor sie dann endgültig im Schrank verschwindet. Das ist schade, denn so werden wertvolle Ressourcen nicht genutzt! Wie wäre es also, wenn du Kleidung für einen besonderen Anlass ganz einfach leihst? Das geht inzwischen auch über diverse Internetplattformen. Oft reicht es aber, im Freundeskreis nachzufragen, ob jemand ein passendes Kleidungsstück für den Anlass hat.

Nachhaltig reisen

Keine Sorge: Wer nachhaltiger leben möchte, der muss nicht auf seinen (Sommer-)Urlaub verzichten. Erholung und dabei die Welt entdecken ist nach wie vor drin – man muss nur bereit sein, ein bisschen neu zu denken. Denn: Der Tourismus ist Schätzungen zufolge weltweit für mindestens acht

Prozent aller CO_2e-Emissionen verantwortlich[188] und damit für eine ziemlich beachtliche Menge, wenn man bedenkt, dass man im Verhältnis nur wenige Wochen pro Jahr im Urlaub verbringt. Diese Wochen fallen aber ordentlich ins Gewicht, denn der eigene Ressourcenverbrauch steigt im Urlaub enorm an: Wir haben zum Beispiel einen mindestens doppelt so hohen Wasserverbrauch im Hotel wie zu Hause, verursachen an unserem Urlaubsort eine Steigerung von 40 Prozent beim Plastikmüll und essen 500 Gramm mehr Lebensmittel.[189, 190] Es wird also Zeit, dass wir unseren Urlaub nachhaltiger gestalten, und zwar ganz egal, ob du schon alleine mit Freund*innen verreist oder mit deinen Eltern. Du wirst sehen: Schon bei der Planung kann man vieles berücksichtigen, was sich nachher positiv auf den eigenen ökologischen Reise-Fußabdruck auswirkt. Und die beste Nachricht ist, dass diejenigen, die länger an einem Ort bleiben, ihren CO_2e-Fußabdruck pro Urlaubstag sogar senken. Eine herzliche Einladung also, besonders lange zu verreisen!

Planung ist alles

Wer einen Urlaub plant, der hat bei der Auswahl des Urlaubsziels die Qual der Wahl, denn heute kann man so ziemlich jeden Flecken der Erde relativ unkompliziert und in wenigen Stunden erreichen. Trotzdem lagen die Top-Urlaubsziele der Deutschen im Jahr 2022 eher in der Nähe: Platz 1 belegten beispielsweise die Nord- und Ostsee, gefolgt von Italien und den Balearen.[191] Das ist unter dem Gesichtspunkt der Nachhaltigkeit wirklich wünschenswert, denn je kürzer die Anreise ausfällt, desto weniger Treibhausgase verursacht sie. Deshalb gilt als erste Faustregel für die Planung eines nachhaltigen Urlaubs: Je näher, desto besser! Und ganz ehrlich: Es gibt in Europa so viele bezaubernde Reiseziele, dass man wahrscheinlich sein ganzes Leben lang ausschließlich Urlaub in Europa machen könnte und trotzdem noch lange nicht alles gesehen hätte. Und wenn es doch ein Reiseziel weiter weg sein soll, dann gilt: Je länger, desto besser. Denn die Anreise fällt zum Beispiel bei Flugreisen besonders schwer ins Gewicht. Je länger man im Anschluss also vor Ort bleibt, desto mehr hat sich die Anreise »gelohnt«.

Nach der Auswahl des Urlaubsziels steht in der Regel die Suche nach einer Unterkunft an. Grundsätzlich gilt hier: Je mehr Luxus, desto mehr Treibhausgase verursacht der Aufenthalt. Die Autorin Julia-Maria Blesin hat für ihr Buch »Green Travelling« ausgerechnet, dass ein 14-tägiger Urlaub im Wohnmobil am wenigsten CO_2 verursacht, nämlich nur 38,4 Kilogramm pro Person. Im Fünf-Sterne-Hotel hingegen verursacht man 1163,9 Kilogramm pro Kopf innerhalb von zwei Wochen, also deutlich mehr. Campingplatz, Jugendherberge, Ferienwohnung und Ferienhaus lagen alle zwischen 100 und 200 Kilogramm pro Person für zwei Wochen. Das Öko-Hotel lag bei 215 Kilogramm CO_2 pro Kopf für zwei Wochen.[192]

Wer ein Hotel oder eine Ferienwohnung buchen möchte, der kann heute durch die Wahl einer nachhaltigen Unterkunft dafür sorgen, dass der CO_2e-Fußabdruck noch ein bisschen kleiner wird. Längst gibt es zahlreiche Hotels, die auf Ökostrom setzen, veganes und vegetarisches Essen anbieten oder zum Beispiel ausschließlich Bio-Lebensmittel verarbeiten.

Hier findest du nachhaltige Unterkünfte für deinen nächsten Urlaub

Die Mitglieder des Verbundes der »Bio Hotels« haben sich allesamt dem Thema »bio« verschrieben. Hier werden nur biologische Lebensmittel serviert, man wird mit Naturkosmetik verwöhnt und auch die Einrichtung ist – abhängig vom Haus – bio. Die Hotels sind alle tendenziell eher aus der gehobenen Klasse und daher preisintensiv.

Über die Website www.ecobnb.de findet man Unterkünfte, die zumindest einen Teil der zehn Kriterien erfüllen, die vom Betreiber der Seite für nachhaltige Unterkünfte festgelegt wurden. Dazu zählt zum Beispiel der Bezug von Ökostrom oder die Möglichkeit, mit öffentlichen Verkehrsmitteln anzureisen.[193]

Weitere Websites, über die man nachhaltige Unterkünfte finden kann:

Rankt die gelisteten Hotels danach, wie viele der 15 Nachhaltigkeits-Kriterien erfüllt werden: www.bookitgreen.com

Bewertet vor allem auch die soziale Komponente von Nachhaltigkeit: www.fairweg.de

Hotels und Unterkünfte speziell für Menschen, die sich vegetarisch oder vegan ernähren: www.vegane-hotels.de oder www.veggie-hotels.de

Auch die Frage, wie man in den Urlaub kommt, ist für die Gesamtbilanz des Trips wichtig. Wer sich Ziele in der Nähe aussucht, der kommt tendenziell nachhaltiger weg als jemand, der eine Fernreise plant. Wie schon mehrfach angedeutet wurde, spielt aber auch die Reisedauer eine Rolle: Ein Flug »lohnt« sich zum Beispiel dann, wenn man für vier Wochen ein Land erkunden will. Wer einen Wochenend-Trip nach Mallorca plant, der sollte aus Gründen des Umweltschutzes vielleicht doch noch einmal darüber nachdenken, ob es ein Ziel, das mit dem Zug erreichbar ist, nicht auch tut.

Treibhausgasemissionen in CO_2-Äquivalenten unterschiedlicher Verkehrsmittel im Vergleich[194]

Verkehrsmittel	Treibhausgase in Gramm/Personenkilometer
Pkw	162
Flugzeug (Inland)	271
Eisenbahn, Fernverkehr	46
Linienbus, Fernverkehr	37
Eisenbahn, Nahverkehr	93

Am nachhaltigsten ist es also, mit dem Zug oder Fernbus zu verreisen – vor allem, wenn man nur allein oder zu zweit reist. Denn dann würden die relativ hohen Emissionen, die bei einer Auto-Reise entstehen, entsprechend nur auf eine oder zwei Personen entfallen. Das kann aber schon ganz anders aussehen, wenn ein Pkw voll besetzt ist. Deshalb der Tipp: Berechne für deine Reise ganz individuell, welches Transportmittel das nachhaltigste ist. Das geht zum Beispiel hier:

Natürlich spielen auch die Kosten, die durch die Nutzung eines Transportmittels entstehen, sowie andere praktische Überlegungen eine Rolle. Wer zum Beispiel sein Kanu mit in den Urlaub nehmen möchte, der wird um das Auto kaum herumkommen. Es geht auch gar nicht darum, von Anfang an alles perfekt zu machen. Viel wichtiger ist es, dass du (und deine Familie) anfängst, Nachhaltigkeit bei der Urlaubsplanung mitzudenken.

Reisen mit dem Zug

Bahnreisen werden beliebter: Eine Umfrage aus dem Jahr 2022 hat ergeben, dass vor allem junge Menschen die Bahn für Strecken ab 50 Kilometern gerne nutzen.[195] Kein Wunder, denn die Reise mit der Bahn bietet einige Vorteile: Im Gegensatz zum Auto oder Flugzeug kann man sich bei Bedarf frei bewegen, einen Ausflug ins Bord-Bistro oder -Restaurant machen[196], die Snacks mitnehmen, die man möchte, die Menge des Gepäcks ist nicht beschränkt und alle Reisenden haben die Hände frei. Heute kann man mit der Bahn außerdem eine Vielzahl an Reisezielen erreichen: Von Paris über London bis zum Polarkreis[197] und sogar nach Asien[198] kann man mit der Bahn verreisen. Mit dem Nachtzug geht das sogar ganz bequem, während man schläft.

WIE UNPÜNKTLICH IST DIE DEUTSCHE BAHN?

Die Tatsache, dass Reisen mit der Bahn immer beliebter werden, ist eine tolle Entwicklung. Denn Reisen mit der Bahn sind ziemlich umweltfreundlich und dazu noch entspannt – zumindest, wenn mit der

Verbindung alles reibungslos funktioniert und man nicht stundenlang am Bahnhof ausharren muss. Hier gibt es ehrlicherweise noch Verbesserungsbedarf vonseiten der Deutschen Bahn: 2022 waren so viele Fernverkehrs-Züge wie noch nie verspätet. Weniger als 60 Prozent der Züge im Fernverkehr kamen in den Sommermonaten pünktlich an.[199] Das bedeutet, dass über 40 % eine Verspätung von mehr als 15 Minuten hatten.

Aber: Eine Reise mit der Bahn ist nicht unbedingt die preiswerteste Alternative. Wer Verbindungen von A nach B sucht, der kann auch schon mal einen Schreck bekommen, wenn er die Preise sieht. Aber es gibt einige Tipps, wie Reisen mit der Bahn insgesamt günstiger werden:

- Früh buchen: Wer seine Verbindung möglichst früh im Voraus bucht, der kann eine ganze Menge Geld sparen und von den Sparpreisen und Super-Sparpreisen der Bahn profitieren. Aber Vorsicht: Diese Tickets lassen sich zum Teil nicht mehr umtauschen.

- BahnCard nutzen: Vor allem für Menschen, die viel fahren, lohnt sich eine BahnCard. Mit ihr bekommen Reisende (je nach Karte) 25 Prozent, 50 Prozent oder sogar 100 Prozent Rabatt auf ihre Buchung.[200]

- Kinder fahren bei Super-Sparpreis-Tickets kostenlos mit: Kinder bis 14 Jahre können kostenlos mitfahren, müssen aber auf der Fahrkarte der Eltern oder einer anderen Person ab 15 Jahren eingetragen werden.[201]

Mit dem Interrail-Pass günstig und flexibel innerhalb Europas reisen

Für Familien, junge Menschen und Senior*innen sind die Interrail-Pässe eine tolle Möglichkeit, um Europa preisgünstig und flexibel mit dem Zug zu erkunden. Ein Interrail-Pass ist ein flexibles Zugticket, das du an einer festgelegten Anzahl von Tagen in einem bestimmen Zeitraum in 33 Ländern Europas nutzen kannst. Auf www.interrail.eu gibt man die Anzahl und das Alter der mitreisenden Personen an und kann dann aus einer Vielzahl von Pässen wählen, zum Beispiel sieben Fahrtage innerhalb von einem Monat, oder 15 Fahrtage oder sogar drei volle Monate am Stück. Das Coole daran ist, dass du dich nicht von Anfang an auf einen Reisezeitraum festlegen musst. Du kannst den Pass heute kaufen und innerhalb von 11 Monaten einlösen. Sieben Tage innerhalb von einem Monat kosten für eine Person zwischen 12 und 27 Jahren so zum Beispiel nur 264 Euro.[202]

Und ich flieg, flieg, flieg ...

Obwohl man inzwischen viele Orte mit der Bahn erreichen kann, ist klar, dass es Reiseziele gibt, für die eigentlich nur das Flugzeug infrage kommt. Zum Beispiel, wenn man nach Südamerika oder Afrika verreisen möchte. Das Flugzeug ist insgesamt aber keine unbedingt nachhaltige Option, weil verhältnismäßig viele CO_2e-Emissionen pro reisender Person entstehen. Deshalb bieten viele Fluggesellschaften inzwischen an, dass man die entstanden Emissionen direkt bei der Buchung kompensieren kann. Und es gibt auch unabhängige Anbieter, die eine CO_2-Kompensation für Flüge anbieten. Aber was genau bedeutet das? Und: Bringt das wirklich etwas?

Mit CO_2-Kompensation ist gemeint, dass man einen Ausgleich für die entstanden Treibhausgasemissionen schafft. Dahinter steckt die Idee, dass man genauso viele Emissionen an anderer Stelle wieder aus der Atmosphäre entnimmt, wie der Flug verursacht. Jeder Anbieter setzt dabei auf andere Projekte und Verfahren, um die Treibhausgase wieder aus der Atmosphäre zu nehmen. Die einen bauen Solaröfen im Globalen Süden[203], andere pflanzen Bäume, und wieder andere kaufen Zertifikate aus dem europäischen Emissionshandel auf.

Das Problem: Bei vielen dieser Projekte ist unklar, wie »nachhaltig« sie wirklich sind. Am deutlichsten wird das bei Projekten, die CO_2 über das Pflanzen von Bäumen kompensieren.

Bäume betreiben Fotosynthese. Sie »ernähren« sich also von Licht und CO_2 und produzieren dafür Sauerstoff. Man kann relativ gut berechnen, wie viel CO_2 ein Baum so über einen bestimmten Zeitraum zu sich und damit aus der Atmosphäre nimmt. Besonders große Mengen CO_2 nehmen die Bäume aber erst auf, wenn sie richtig groß sind und viele Blätter haben. Denn die Photosynthese findet in den Blättern statt.[204] Wenn zur Kompensation von CO_2 Bäume gepflanzt werden, ist aber nicht von solchen ausgewachsenen Bäumen die Rede, sondern von Setzlingen, also ganz kleinen Bäumen. Ob diese Bäume jemals so groß werden, dass sie wirklich das berechnete CO_2 aus der Atmosphäre aufnehmen können, ist völlig unklar. Schon eine Naturkatastrophe kann ausreichen, um eine ganze Baum-Plantage zu zerstören. Das ganze theoretisch kompensierte CO_2 wurde dann überhaupt nicht kompensiert, sondern heizt als Treibhausgas den Klimawandel weiter an.

Je länger man sich mit CO_2-Kompensationen beschäftigt, desto deutlicher wird, dass es sich dabei um rein theoretische Rechnungen handelt. Selbst die Angaben dazu, wie viel CO_2 ein Flug auf der Strecke von A nach B verursacht, variieren von Anbieter zu Anbieter. Ob der Solarofen wirklich die eingeplanten Treibhausgase einspart, kann auch niemand zu 100 Prozent sagen – Vandalismus, ein Unfall oder andere unvorhergesehene Ereignisse machen das unmöglich. Deshalb ist es immer besser, dafür zu sorgen, dass das CO_2 gar nicht erst in die Atmosphäre gelangt. Die Möglichkeit, bereits verursachte CO_2-Emissionen wieder auszugleichen, klingt für viele verlockend, weil sie den Eindruck erweckt, man müsse seinen Lebensstil nicht verändern, um etwas gegen die Klimakrise zu tun. Das ist aber falsch – unsere Emissionen müssen insgesamt sinken, und dafür braucht es Verhaltensänderungen und eben auch im Zweifelsfall die Entscheidung gegen einen Flug.

Falls es sich trotzdem nicht umgehen lässt, sollte man sich für die Kompensation durch Projekte entscheiden, die zum Beispiel mit dem Gold-Standard zertifiziert sind. Andere seriöse Standards sind der *Verified Carbon Standard* oder *Plan Vivo*.[205]

Hilfe, meine Familie versteht mich nicht!

Lass uns zum Schluss noch einmal auf die Fakten schauen: Unsere Erde erwärmt sich, und das ziemlich schnell. Der Weltklimarat IPCC schätzt, dass die globale Erwärmung auf Grundlage der aktuellen Minderungspläne im Jahr 2100 etwa 2,1 bis 3,4 Grad Celsius betragen wird.[206] Theoretisch besteht zwar die Möglichkeit, das 1,5-Grad-Ziel einzuhalten – dafür müsste sich aber ziemlich zeitnah ziemlich viel ändern, und danach sieht es leider im Moment nicht aus. Kurz gesagt: Es ist ernst, wirklich ernst. Ich denke, das hast du nach der Lektüre dieses Buches verstanden. Und inzwischen kennst du auch einige Wege, wie wir alle dazu beitragen können, dass sich etwas verändert – politisch, aber auch bei uns ganz persönlich. Vielleicht bist du jetzt voller Tatendrang, etwas zu bewegen. Und vielleicht hast du auch schon probiert, das Thema bei deiner Familie oder deinen Freund*innen anzusprechen. Falls ja, dann ist es gut möglich, dass nicht jede*r deine Begeisterung für den Kampf gegen die Klimakrise geteilt hat. Lass dir eines sagen: Du bist damit nicht allein! Viele Menschen, die sich gegen die Klimakrise engagieren, stoßen auf unterschiedliche Art und Weise auf Ablehnung, Gegenwehr oder sogar Menschen, die den Klimawandel für eine Lüge halten. Das kann ganz schön ermüdend sein. Deshalb möchte ich dir zum Schluss erklären, warum Gegenwehr bei diesem Thema (leider) normal ist und was du tun kannst, um trotzdem darüber zu sprechen und zum Nachdenken anzuregen.

Warum Gegenwehr erst einmal normal ist

Der Klimawandel hat zunächst ein grundlegendes Problem: Seine Folgen sind für die meisten Menschen zu abstrakt, also nicht greifbar genug. Sie verstehen nicht, dass auch sie von den Folgen betroffen sein werden, und nehmen den Klimawandel deshalb auch nicht als Gefahr wahr.[207] Ein Grund dafür ist, dass bisher kaum jemand Erfahrungen damit gemacht hat, wie es ist, wenn sich das Klima dauerhaft verändert – es gibt keine vergleichbaren Events in der Vergangenheit, die wir oder unserer Mitmenschen bereits miterlebt haben. Sich eine Welt mit einem veränderten Klima vorzustellen, fällt vielen schwer. Und: Oft ist es so, dass sich bestehende Wetterverhältnisse und -extreme nur sehr schleichend verändern. Also dort, wo es zum Beispiel schon immer trocken war oder viel geregnet hat, wird es eben noch trockner oder es regnet noch mehr. Das vermittelt vielen Menschen das (falsche) Gefühl, der Klimawandel und seine Folgen seien beherrschbar.

Jetzt denkst du vielleicht: Aber es sind doch alle Fakten da! Die Wissenschaft weiß seit den 70er-Jahren[208] um die verheerenden Konsequenzen des Klimawandels, da muss doch inzwischen bekannt sein, welche Folgen der Klimawandel mit sich bringt.

Das stimmt, aber hier gibt es den zweiten Haken: Wissenschaftliche Fakten allein überzeugen Menschen nicht. Ein gut greifbares Beispiel dafür ist das Rauchen. Es ist schon viele Jahrzehnte bekannt, dass Tabakrauch für den Menschen schädlich ist. Trotzdem rauchen immer noch ziemlich viele Menschen.[209]

Auch beim Klimawandel zeigt sich, dass die Menschen zwar die Fakten kennen, aber den Klimawandel nicht als persönliches Problem begreifen: Während immerhin 72 Prozent der Amerikaner*innen der Aussage zustimmen, dass der Klimawandel stattfindet, geben nur etwa 46 Prozent der Befragten an, dass sie das Gefühl haben, der Klimawandel würde sie persönlich betreffen.[210] Deshalb versuchen Wissenschaftler*innen inzwischen sogar gezielt, die Fakten erst einmal zurückzuhalten, und setzen stattdessen auf andere Strategien, um die Menschen zum Umdenken zu bewegen. Ein Beispiel dafür sind die »Science Moms«.[211] Übersetzt bedeutet der Name »Wissenschafts-Mütter«, und genau darauf setzen die Wissenschaftlerinnen bei ihrer Kommunikation zum Thema: die Mutterschaft als Verbindung, die die Kommunikation erleichtert. Anstatt mit Fakten um sich zu werfen, stellen sie die Frage in den Raum, was den anderen Müttern wichtig ist, und sprechen dann darüber, wie diese Dinge durch den Klimawandel gefährdet sind. Außerdem sprechen sie auch über Lösungen. So wollen sie den Anteil der Menschen, die den Klimawandel als persönliches Problem verstehen, erhöhen.

Die Klimakrise ist also ein abstraktes Problem und es ist schwierig, Menschen allein durch wissenschaftliche Fakten davon zu überzeugen, dass die Klimakrise auch *ihr* Problem ist. Erschwert wird diese Überzeugungsarbeit zusätzlich dadurch, dass zum Thema Klimawandel eine ganze Reihe an *Fake News* kursieren, also bewusst gestreute Falschmeldungen.[212] Eine solche Falschmeldung zum Klimawandel könnte zum Beispiel lauten: Den Klimawandel gibt es gar nicht. Auch, wenn es dafür keine seriösen wissenschaftlichen Belege gibt, glauben verhältnismäßig viele Menschen, dass das stimmt. In Deutschland glauben zum Beispiel vier Prozent der Menschen, dass sich das Klima nicht verändert.[213] Und elf Prozent sagen, der Mensch trage am Klimawandel keine Schuld.[214] Wie kann das sein?

Ein Grund dafür ist, dass diejenigen, die solche Falschmeldungen zum Klimawandel verbreiten, sehr klug vorgehen. Denn sie behaupten nicht nur, dass es den Klimawandel überhaupt nicht gibt, sondern sie fertigen auch gezielt Studien an, die wissenschaftlich aussehen, aber gar nicht wirklich wissenschaftlich sind. Sie fälschen also die Beweise für ihre Aussagen – und zwar so überzeugend, dass Menschen zum Teil auch das glauben. Dahinter steckt ein sehr kompliziertes System. Wenn dich das Thema interessiert, empfehle ich dir die Recherche von correctiv.org zum sogenannten »Heartland Institute«.[215] Wichtig ist für dich erst einmal zu wissen, dass viele Falschmeldungen zum Klimawandel im Umlauf sind und dass es deshalb noch schwerer sein kann, Familie und Freund*innen von den Fakten zu überzeugen.

Problem Nummer drei, wenn es darum geht, andere zu nachhaltigerem Handeln zu bewegen, ist unser Gehirn. Du musst wissen, dass unser Gehirn ein sehr faules Organ ist: Unser Gehirn liebt Routinen, denn die sparen Energie ein. Deshalb fällt es uns oft schwer, neue Gewohnheiten zu etablieren.[216] Und das spielt natürlich auch im Zusammenhang mit der Klimakrise eine Rolle. Wenn deine Eltern zum Beispiel schon seit Jahren täglich Fleischgerichte zum Abendessen kochen, dann wird es ihnen schwerfallen, plötzlich an fünf Tagen die Woche eine vegetarische Alternative aufzutischen – insbesondere dann, wenn sie gerade selbst in einer stressigen Lebensphase sind. Ähnlich sieht es mit dem Weg zur Arbeit aus, der mit dem Auto zurückgelegt wird, oder mit dem Einkauf im großen Modehaus, das gleich ums Eck liegt. Wenn es darum geht, Routinen zu verändern und neue, nachhaltige Gewohnheiten zu pflegen, spielt unser Gehirn also in gewisser Weise »gegen uns«. Was dabei helfen kann, neue Gewohnheiten zu etablieren, liest du im nächsten Kapitel.

Das vierte Problem, weswegen es Menschen zum Teil schwerfällt, sich klimafreundlicher zu verhalten, ist die Annahme, damit allein zu sein. Denn wir Menschen sind sehr soziale Wesen und sehnen uns danach, »dazuzugehören«.[217] Bei Menschen, die sich sehr viel mit der Klimakrise auseinandersetzen, kommt außerdem ein weiterer Faktor hinzu: die Klimaangst. Und Angst kann uns Menschen ziemlich lähmen – auch beim Engagement gegen den Klimawandel.[218, 219]

WAS IST KLIMAANGST?

Als Klimaangst bezeichnet man vereinfacht gesagt die Angst vor den Folgen des Klimawandels. Eine offizielle Definition dafür gibt es bisher allerdings nicht, denn das Phänomen »Klimaangst« ist noch relativ jung und unerforscht. Klimaangst kann ganz unterschiedlich aussehen: Von akuten Angstzuständen über unterschwelligen Dauerstress bis zu einem unguten Gefühl beim Lesen von Nachrichten zur Klimakrise ist alles denkbar.[220, 221]

Überzeugen ohne Moralkeule

Es gibt also viele Gründe, weshalb Mama, Papa, Oma, Opa oder die Geschwister und Freund*innen sich dagegen sträuben, nachhaltig(er) zu handeln oder den Klimawandel überhaupt als Problem anzusehen. Die gute Nachricht ist: Wir können einiges tun, um unsere Liebsten doch noch davon zu überzeugen, dass die Klimakrise real und unser Handeln wichtig ist.

Das mächtigste Werkzeug, auf das wir dafür zurückgreifen können, sind wir selbst: Indem wir über den Klimawandel und das, was wir selbst tun, um nachhaltiger zu leben, sprechen, leisten wir eigentlich die wichtigste Arbeit überhaupt. Denn wie du schon im letzten Kapitel gelesen hast, wollen wir Menschen dazugehören. Wir wollen gemocht werden. Deshalb schauen wir uns Verhaltensweisen von anderen Menschen ab und imitieren sie – und genau das können wir uns zunutze machen![222] Es ist wissenschaftlich bewiesen, dass wir eher bereit sind, unser Verhalten zu ändern, wenn wir davon ausgehen, dass andere das auch machen. Deshalb ist es wichtig, dass Menschen, die sich gegen den Klimawandel einsetzen, auch darüber sprechen.

Wenn wir mit unseren Familien über die Klimakrise sprechen, dann sollten wir uns die Strategie der »Science Moms« zu Herzen nehmen und nicht nur die blanken Fakten als Argumente nutzen. Viel besser ist es, über Gemeinsamkeiten ins Gespräch zu kommen – zum Beispiel über ein Hobby, das man mit den Eltern, Geschwistern oder Freund*innen teilt. Wie wird sich das Angeln verändern, wenn die Klimakrise spürbarer wird? Und werden wir in Hitze-Sommern überhaupt noch auf dem Bolzplatz spielen können?

Auch das »Vorleben« ist ein wichtiges Werkzeug. Wenn du zum Beispiel immer deinen Jutebeutel mit zum Bäcker nimmst und fragst, ob du die Brötchen ohne Papiertüte direkt in den Beutel bekommen kannst, dann kriegen andere das mit und werden zum Nachdenken angeregt. Und zwar viel mehr, als wenn man mit Zahlen dazu um sich wirft, wie viel Müll dadurch deutschlandweit eigespart werden könnte. Du kannst zeigen, was möglich ist, und damit andere inspirieren!

Gerade wenn man noch zu Hause lebt, ist es aber schwierig, seinen Alltag nachhaltiger zu gestalten, wenn nicht alle mitziehen. Deshalb ist es wichtig, das Thema gemeinsam als Familie anzugehen. Hab dabei aber immer im Hinterkopf, dass nicht nur dein Gehirn träge ist und auf Routinen steht, sondern auch die Gehirne der anderen Familienmitglieder. Deshalb sollten neue Gewohnheiten Schritt für Schritt eingeführt werden, ganz ohne Druck. Hier kommen ein paar Tipps, wie das besonders gut gelingt:

- Eine alte Gewohnheit abzulegen ist leichter, wenn man eine »Ersatz-Gewohnheit« aufbaut: Anstelle des wöchentlichen Besuchs im gutbürgerlichen Gasthof könnte man zum Beispiel ein vegetarisches oder veganes Restaurant testen.

- Fangt klein an! Alle Lebensbereiche auf einmal umzustellen ist eine Herausforderung, die einen schnell überfordern kann. Sucht euch einen Bereich aus und stellt dann Schritt für Schritt um. Man kann zum Beispiel gut mit dem Wocheneinkauf starten.

- Ändert den Kontext: Es ist leichter, neue Gewohnheiten aufzubauen, wenn sie in einem neuen Kontext stattfinden. Im Lieblingssupermarkt greift man routiniert zu den Produkten, die man schon immer gekauft hat. Wie wäre es deshalb, mal in ein anderes Geschäft zu gehen und hier zum Beispiel möglichst plastikfrei einzukaufen?

- Bilder sagen oft mehr als tausend Worte und bleiben im Kopf. Warum machst du mit deiner Familie oder deinen Freund*innen nicht einfach mal einen Filmabend, bei dem ihr euch bildstarke Dokumentationen oder Filme zu einem bestimmten Thema anseht und darüber dann ins Gespräch kommt? Falls du das gerne ausprobieren möchtest, findest du hier eine Liste mit besonders gelungenen Dokumentationen zu unterschiedlichen Themen.

Tipps für einen nachhaltig-fairen Filmabend

Fast Fashion

The True Cost: Die wohl bekannteste Doku zum Thema stellt die Frage, wer den wahren Preis für unsere Billigkleidung zahlt.

Rana Plaza Collapse Documentary: The Deadly Cost of Fashion: Wie hängt unser Konsum im Globalen Norden mit dem Rana-Plaza-Unglück zusammen? Darum gehts in dieser Dokumentation.

Gift auf unserer Haut (ZDF 37 °): Ein schockierender Einblick in die Billiglederindustrie und die Bedingungen, unter denen Menschen für unser Leder arbeiten.

Ernährung

Europas dreckige Ernte (ARD): Nicht nur im Globalen Süden arbeiten Menschen unter furchtbaren Bedingungen, damit wir Produkte des täglichen Bedarfs kostengünstig konsumieren können. Auch mitten in Europa, in der EU, gibt es Menschen, die unter skla-

venähnlichen Bedingungen arbeiten – und zwar auf unseren Plantagen.
Cowspiracy: Dieser Film macht deutlich, wie sich die Viehwirtschaft auf die Umwelt auswirkt.[223]

Plastik(müll)

Plastik – Die Recycling-Lüge (NDR Doku): Wir Deutschen rühmen uns, Recycling-Weltmeister zu sein – dabei wird längst nicht alles, was in der Statistik als »recycelt« auftaucht, auch wirklich zu neuem Plastik verwertet. Die Doku entlarvt, wie es wirklich läuft.
Plastic Planet: Der Film von Werner Boote zeigt sehr eindrucksvoll, dass unsere Welt inzwischen ein echter Plastik-Planet ist und welches Risiko davon für Umwelt, Mensch und Tier ausgeht.[224]

Greenwashing

Die Grüne Lüge: Ebenfalls ein Film von Werner Boote, diesmal werden *Greenwashing*-Strategien großer Konzerne unter die Lupe genommen. Dazu gibt es ein gleichnamiges Buch von Kathrin Hartmann.[225]

Ein paar Worte zum Schluss

Ich weiß, dass der Klimawandel und seine möglichen Folgen kein besonders freudiges Thema ist und man sich von der Fülle an (negativen) Informationen durchaus erschlagen fühlen kann. Vielleicht bist du überfordert, weil du gar nicht weißt, wo du anfangen sollst, nachhaltiger zu leben. Ich möchte dich an dieser Stelle dazu ermutigen, einfach anzufangen und am besten mit dem zu starten, was dir Spaß und Freude bereitet. Denn am Ende zählt vor allem eines: dass wir uns auf den Weg machen. Niemand von uns wird allein die Welt retten können. Wir alle sind aber Teil einer Masse, und die gilt es in Bewegung zu setzen. Und dafür ist jede*r wichtig – auch du und ich. Wir alle können unsere Eltern, Geschwister, Freund*innen und Klassenkamerad*innen ins Boot holen. Wir alle können Vorbilder sein und so zum Nachmachen motivieren. Ein paar Wege, wie das gelingen kann, habe ich dir in diesem Buch vorgestellt, wie zum Beispiel Kleidertauschpartys oder Foodsharing. Initiativen wie diese sind nicht nur nachhaltig, sondern verbinden uns auch mit Menschen, denen es ähnlich geht. Und diese Gemeinschaft ist etwas, was wirklich viel Kraft spenden kann. In diesem Sinne hoffe ich, dass ich dich mit diesem Buch vor allem motivieren konnte, dich für unseren Planeten starkzumachen. Denn wir haben nur diesen einen Planeten Erde, auf dem wir leben, lachen und lieben können.

Quellen

1 https://fairquatscht-der-nachhaltigkeits-podcast-49.blogs.julephosting.de/, https://ekologiskamag.com/, https://www.instagram.com/mysustainableme/?hl=de

Einstieg:
Was bedeutet eigentlich Nachhaltigkeit?

1 Duden online (o.J.). Nachhaltigkeit. Abgerufen von https://www.duden.de/rechtschreibung/Nachhaltigkeit
2 https://www.duden.de/rechtschreibung/Ressource
3 Kropp, A. (2019). Grundlagen der nachhaltigen Entwicklung, S. 11f.
4 Bundeszentrale für politische Bildung (2014). Was ist Nachhaltigkeit? Dimensionen und Chancen. Abgerufen von https://www.bpb.de/shop/zeitschriften/apuz/188663/was-ist-nachhaltigkeit-dimensionen-und-chancen/
5 https://sdgs.un.org/goals
6 Engagement Global (2022). Ziele für Nachhaltige Entwicklung. https://17ziele.de
7 https://17ziele.de/info/was-sind-die-17-ziele.html
8 Der Ursprung des Modells ist nicht abschließend geklärt. Der Verband der Chemischen Industrie spielte aber eine entscheidende Rolle, indem er forderte, soziale, ökologische und ökonomische Aspekte müssten gleichrangig berücksichtigt werden. Diese Forderung wurde im Abschlussbericht der Enquete-Kommission des Deutschen Bundestages berücksichtigt, welcher diese Konzeption von Nachhaltigkeit der breiten Öffentlichkeit bekannt machte. Deutscher Bundestag (1998). Abschlußbericht der Enquete-Kommission »Schutz des Menschen und der Umwelt – Ziele und Rahmenbedingungen einer nachhaltig zukunftsverträglichen

Entwicklung«. Abgerufen von https://dserver.bundestag.de/btd/13/112/1311200.pdf

9 https://www.nachhaltigkeit.info/artikel/1_3_a_drei_saeulen_modell_1531.htm

10 Kropp, A. (2019). Grundlagen der nachhaltigen Entwicklung, S. 12.

11 Pufé, I. (2017). Nachhaltigkeit, 3. Auflage, S. 112f.

12 https://www.nachhaltigkeit.info/artikel/1_3_a_drei_saeulen_modell_1531.htm

13 Lexikon der Nachhaltigkeit (2015). Integratives Nachhaltigkeits-Modell. Abgerufen von https://www.nachhaltigkeit.info/artikel/1_3_c_integratives_nachhaltigkeitsmodell_1541.htm

14 https://www.nachhaltigkeit.info/artikel/1_3_e_ein_saeulen_modell_pyramiden_modelle_1543.htm, https://www.lpb-bw.de/dossier-nachhaltigkeit

15 https://www.enu.at/was-ist-nachhaltigkeit

16 https://www.un.org/development/desa/pd/events/day-eight-billion

17 United Nations (2022). World Population Prospects 2022. Abgerufen von https://www.un.org/development/desa/pd/sites/www.un.org.development.desa.pd/files/wpp2022_summary_of_results.pdf

18 Welthungerhilfe (o.J.): Earth Overshoot Day – eine Erde reicht nicht. Abgerufen von https://www.welthungerhilfe.de/informieren/themen/klimawandel/earthovershoot-day-welthungerhilfe

19 https://www.footprintnetwork.org/

20 Global Footprint Network, diverse Publikationen.

21 https://www.tagesschau.de/wissen/gesundheit/welternaehrung-hunger-afrika-101.html, https://www.agrarheute.com/land-leben/8-milliarden-menschen-landwirtschaft-produziert-genug-fuer-alle-600046

22 Kropp, A. (2019). Grundlagen der nachhaltigen Entwicklung, S. 23.

23 Greenpeace (2015). Wegwerfware Kleidung. Abgerufen von https://www.greenpeace.de/publikationen/20151123_greenpeace_modekonsum_flyer.pdf

24 Kropp, A. (2019). Grundlagen der nachhaltigen Entwicklung, S. 24/25

25 https://www.europarl.europa.eu/news/de/headlines/economy/20151201STO05603/kreislaufwirtschaft-definition-und-vorteile, https://www.circular-economy.swiss/1ore/

26 Kropp, A. (2019). Grundlagen der nachhaltigen Entwicklung, S. 24/25.

Teil 1: Warum wir uns Gedanken über Nachhaltigkeit machen sollten

1 Thunberg, G. (2022). Das Klima-Buch. Frankfurt am Main: S. Fischer.
2 https://www.bmz.de/de/service/lexikon/klimawandel-14606
3 https://www.umweltbundesamt.de/service/glossar/t?tag=Treibhauseffekt#alphabar, https://de.wikipedia.org/wiki/Treibhauseffekt
4 https://www.umweltbundesamt.de/themen/klima-energie/klimaschutz-energiepolitik-in-deutschland/treibhausgas-emissionen/die-treibhausgase
5 Hausfather, Z. (2020). Methan und kurzlebige Treiber des Klimawandels. In G. Thunberg (Hrsg.), Das Klima-Buch, S. 55ff. Frankfurt am Main: S. Fischer.
6 https://www.umweltbundesamt.de/themen/klima-energie/klimaschutz-energiepolitik-in-deutschland/treibhausgas-emissionen/die-treibhausgase
7 M. Willeit, A. Ganopolski, R. Calov, V. Brovkin (2019). Mid-Pleistocene transition in glacial cycles explained by declining CO_2 and regolith removal. Science Advances [DOI: 10.1126/sciadv.aav7337]
8 https://www.umweltbundesamt.de/daten/klima/beobachtete-kuenftig-zu-erwartende-globale#aktueller-stand-der-klimaforschung-, https://www.spiegel.de/wissenschaft/natur/klima-fuenf-waermste-jahre-seit-beginn-der-industrialisierung-alle-seit-2010-a-1188611.html
9 https://www.spiegel.de/wissenschaft/natur/klima-fuenf-waermste-jahre-seit-beginn-der-industrialisierung-alle-seit-2010-a-1188611.html, https://www.spiegel.de/wissenschaft/natur/uno-beschliesst-welt-klimavertrag-historisches-abkommen-a-1067513.html
10 Thunberg, G. (2022). Das Klima-Buch, Einleitung.
11 https://www.ipcc.ch/report/ar6/syr/longer-report, Abschnitt 2.3.1
12 Umweltbundesamt (2022). IPCC-Bericht: Sofortige globale Trendwende nötig. Abgerufen von https://www.umweltbundesamt.de/themen/ipcc-bericht-sofortige-globale-trendwende-noetig
13 Als Emissionen bezeichnet man grundsätzlich alle Stoffe, Teilchen, Gase oder Strahlung, die vom Menschen in die Umwelt abgegeben wird. In diesem Buch geht es vor allem um Treibhausgasemissionen, also Treibhausgase, die vom Menschen verursacht und in die Atmosphäre abgegeben werden.

14 IPCC (o.J.). History of the IPCC. Abgerufen von https://www.ipcc.ch/about/history/
15 https://www.ipcc.ch/about/structure/
16 IPCC (2018). 1,5 °C globale Erwärmung. Abgerufen von https://www.ipcc.ch/site/assets/uploads/2020/07/SR1.5-FAQs_de_barrierefrei.pdf
17 https://www.researchgate.net/publication/354856538_Intergenerational_inequities_in_exposure_to_climate_extremes
18 Hayhoe, K. (2022). Wärme. In »Das Klima-Buch« von Greta Thunberg (Hrsg.).
19 https://www.ipcc.ch/site/assets/uploads/2020/07/SR1.5-FAQs_de_barrierefrei.pdf
20 Klimafakten.de (2019). ›Klimawandel‹ oder ›Klimakrise‹ – was sind angemessene Begriffe bei der Klima-Berichterstattung? Abgerufen von https://www.klimafakten.de/meldung/klimawandel-oder-klimakrise-was-sind-angemessene-begriffe-bei-der-klima-berichterstattung, https://www.theguardian.com/science/scienceofclimatechange
21 WWF Österreich (o.J.). Folgen der Klimakrise: 1,5 Grad versus 2 Grad. Abgerufen von https://www.wwf.at/artikel/folgen-der-klimakrise-15-grad-oder-2-grad/
22 https://www.ipcc.ch/site/assets/uploads/2020/07/SR1.5-FAQs_de_barrierefrei.pdf
23 https://www.pik-potsdam.de/~stefan/Publications/Kipppunkte%20im%20Klimasystem%20-%20Update%202019.pdf
24 https://www.dw.com/de/ist-der-amazonas-wirklich-die-gr%C3%BCne-lunge-der-welt/a-50203722, https://www.tagesspiegel.de/wissen/die-grosste-grune-lunge-der-welt-funktioniert-nicht-mehr-6597835.html
25 Potsdam Institut für Klimafolgenforschung (2019). Kipppunkte im Klimasystem. Abgerufen von https://www.pik-potsdam.de/~stefan/Publications/Kipppunkte%20im%20Klimasystem%20-%20Update%202019.pdf
26 https://www.pik-potsdam.de/~stefan/Publications/Kipppunkte%20im%20Klimasystem%20-%20Update%202019.pdf
27 https://www.mpg.de/biodiversitaet
28 IPBES (2019). Globales IPBES-Assessment zu Biodiversität und Ökosystemleistungen. Abgerufen von https://www.de-ipbes.de/files/IPBES%20GA_SPM_DE_2020.pdf

29 https://www.unbonn.org/de/IPBES
30 vom Englischen: Intergovernmental Science-Policy Platform on Biodiversity and Ecosystem Services
31 https://www.de-ipbes.de/files/IPBES%20GA_SPM_DE_2020.pdf
32 https://www.bmuv.de/themen/naturschutz/biologische-vielfalt-international/weltbiodiversitaetsrat-ipbes
33 https://www.rnd.de/wissen/weltweites-korallensterben-klimawandel-ueberfischung-und-verschmutzung-PRZW5IOWBZD6BDJERX6X3DOYJ4.html, https://www.spiegel.de/wissenschaft/natur/tod-am-riff-korallensterben-hat-sich-dramatisch-beschleunigt-a-565274.html
34 DGVN (o.J.). Folgen des Klimawandels. Abgerufen von https://nachhaltig-entwickeln.dgvn.de/klimawandel/folgendes-klimawandels#:~:text=Erwärmung%20der%20Meere%20und%20Korallensterben&text=Dadurch%20wird%20zwar%20die%20Erderwärmung,Dies%20betrifft%20insbesondere%20Korallen.
35 https://de.wikipedia.org/wiki/Trockenstress
36 Helmholtz-Zentrum für Umweltforschung (o.J.). Klimawandel und Biodiversität. Abgerufen von https://www.ufz.de/index.php?de=37140
37 http://www.neophyten.net/problemarten/japanknoeterich.html, https://www.landwirtschaftskammer.de/landwirtschaft/pflanzenschutz/genehmigungen/staudenknoeterich.htm, https://www.neobiota.steiermark.at/cms/beitrag/12776007/156566976/, https://www.faz.net/aktuell/wissen/natur/neophyten-ein-fall-fuer-die-einwanderungsbehoerde-1305295.html
38 Quarks (2021). Warum sich die Jagd in Deutschland verändern muss. Abgerufen von https://www.quarks.de/umwelt/tierwelt/warum-sich-die-jagd-in-deutschland-veraendern-muss/, https://www.nabu.de/tiere-und-pflanzen/saeugetiere/sonstige-saeugetiere/18751.html
39 https://www.biologie-seite.de/Biologie/Kohlenstoffsenke
40 https://www.lernhelfer.de/schuelerlexikon/biologie/artikel/fotosynthese
41 GEO (2019). Eine Million Arten betroffen: Das sechste Massenaussterben ist in vollem Gange. Abgerufen von https://www.geo.de/natur/nachhaltigkeit/21267-rtkl-un-report-eine-million-arten-

betroffen-das-sechste-massenaussterben, https://www.sueddeutsche.de/wissen/massenaussterben-die-sechste-katastrophe-1.2108160

42 Fairquatscht (2021). Folge 42 – Ohne Artenvielfalt stirbt der Mensch aus mit Biologin Frauke Fischer. Abgerufen von https://open.spotify.com/episode/6tF2EDBkZ1BCnVJjaC7gh1?si=ZZJWWyMtTKap2NB2k9T3OQ&context=spotify%3Ashow%3A5GTAIB2cLwZoLTd9PMXcnm

43 Helmholtz-Institut (o.J.). Das »Globale Assessment« des Weltbiodiversitätsrates IPBES. Abgerufen von https://www.helmholtz.de/fileadmin/user_upload/IPBES-Factsheet.pdf

44 https://www.helmholtz.de/fileadmin/user_upload/IPBES-Factsheet.pdf

45 https://www.de-ipbes.de/files/IPBES%20GA_SPM_DE_2020.pdf

46 https://www.klimareporter.de/landwirtschaft/menschheit-verliert-den-boden-unter-den-fuessen

47 Klimareporter (2022). Menschen verlieren den Boden unter den Füßen. Abgerufen von https://www.klimareporter.de/landwirtschaft/menschheit-verliert-den-boden-unter-den-fuessen

48 RND (2022). Halten unsere Körper den Klimawandel aus? Abgerufen von https://www.rnd.de/wissen/halten-unsere-koerper-den-klimawandel-ausVHZRVID6XJDPZE73M5A3YY3NRQ.html

49 https://www.wiwo.de/technologie/forschung/studie-hohe-temperaturen-lassen-uns-langsamer-denken/22805260.html, https://www.deutschlandfunk.de/klimawandel-gesundheit-hitzetod-klimaangst-100.html

50 https://www.tagesspiegel.de/wissen/grosse-hitze-weniger-getreide-4445575.html

51 Wuppertal Institut (2022). Forschungslandkarte Explorationsstudie »Klimawandel und Gesundheit«. Abgerufen von https://wupperinst.org/fa/redaktion/downloads/projects/BARMER-EKG_Forschungslandkarte.pdf

52 Kognitive Prozesse laufen im Gehirn ab und umfassen zum Beispiel das Denken, Wahrnehmen, unser Gedächtnis und die Kommunikation. Durch Hitze werden diese Funktionen unseres Gehirns beeinträchtigt.

53 Deutschlandfunk (2021). Klimawandel, Flut an Ahr und Erft – und die Frage nach dem Verschulden. Abgerufen von https://www.

deutschlandfunk.de/studie-zeigt-zusammenhang-klimawandel-flut-an-ahr-und-erft-100.html
54 https://www.bmz.de/de/service/lexikon/globaler-sueden-norden-147314
55 https://worldpopulationreview.com/country-rankings/global-south-countries
56 Germanwatch (2021). Globaler Klima-Risiko-Index 2021. Abgerufen von https://www.germanwatch.org/sites/default/files/Zusammenfassung%20des%20Klima-Risiko-Index%202021_2.pdf
57 Füssel, H.-M. (2008). Wer ist den Schäden am stärksten ausgesetzt? In welt-sichten, Klimawandel und Armut, 2008–5. Abgerufen von https://www.pik-potsdam.de/de/produkte/infothek/buecher_broschueren/.images/klimawandel-und-armut.pdf
58 Edition F (2021). Warum wir über Behindertenfeindlichkeit in der Klimakrise sprechen müssen. Abgerufen von https://editionf.com/warum-wir-ueber-behindertenfeindlichkeit-in-der-klimakrise-sprechen-muessen/
59 https://www.bundesfachstelle-barrierefreiheit.de/SharedDocs/Kurzmeldungen/DE/warntag-meldung-wie-barrierefrei-wird-gewarnt.html
60 UN Human Rights Council (2020). Analytical study on the promotion and protection of the rights of persons with disabilities in the context of climate change. Abgerufen von https://documents-dds-ny.un.org/doc/UNDOC/GEN/G20/097/56/PDF/G2009756.pdf?OpenElement
61 UN Women (o.J.). Klima und Gender. Abgerufen von https://unwomen.de/klima-und-gender/
62 Carlsson Kanyama, A., Nassén, J. & Benders, R. (2021). Shifting expenditure on food, holidays and furnishings could lower greenhouse gas emissions by almost 40 %. In Journal of Industrial Ecology, 25 (6). Abgerufen von https://onlinelibrary.wiley.com/doi/epdf/10.1111/jiec.13176
63 Chancel, L., Bothe, P. & Voituriez, T. (2023). CLIMATE INEQUALITY REPORT 2023, FAIR TAXES FOR A SUSTAINABLE FUTURE IN THE GLOBAL SOUTH. Abgerufen von https://wid.world/news-article/climate-inequality-report2023-fair-taxes-for-a-sustainable-future-in-the-global-south/
64 https://de.wikipedia.org/wiki/Wissenschaftskolleg_zu_Berlin,

https://www.researchgate.net/publication/330422894_All_talk_and_no_action_An_analysis_of_environmental_concern_income_and_greenhouse_gas_emissions_in_Switzerland/link/619acbb361f0987720c200fb/download?_tp=eyJjb250ZXhoIjp7ImZpcnNoUGFnZSI6InB1YmxpY2FoaW9uIiwicGFnZSI6InB1YmxpY2FoaW9uIn19

65 Bruderer Enzler H., Diekmann A. (2019). All Talk and No Action? An analysis of environmental concern, income and greenhouse gas emissions in Switzerland, Energy Research and Social Science 2019, 51, 12–19, doi: externe Seite10.1016/j.erss.2019.01.001call_made

66 taz (2021). Politologin über Frauen und Klimawandel: »Keineswegs geschlechtsneutral«. Abgerufen von https://taz.de/Politologin-ueber-Frauen-und-Klimawandel/!5756227/

67 https://www.helmholtz-klima.de/klimafakten/behauptung-der-zusammenhang-von-extremwettern-und-klimawandel-ist-nicht-eindeutig-belegt

68 Neumayer, E. & Plümper, T. (2007). The gendered nature of natural disasters. The impact of catastrophic events on the gender gap in life expectancy, 1981–2002. In Annals of the Association of American Geographers, 97(3), S. 551–566, https://www.bpb.de/themen/migration-integration/kurzdossiers/283411/klimawandel-migration-und-geschlechterverhaeltnisse/.

69 https://unwomen.de/klima-und-gender/

70 Robine, J.-M., Cheung, S., Le Roy, S., Van Oyen, H. & Herrmann, F. (2007). Report on excess mortality in Europe during summer 2003. Abgerufen von http://www.theurbanclimatologist.com/uploads/4/4/2/5/44250401/mortalityheatwave2003.pdf

71 Bundeszentrale für politische Bildung (2019). Klimawandel, Migration und Geschlechterverhältnisse. Abgerufen von https://www.bpb.de/themen/migration-integration/kurzdossiers/283411/klimawandel-migration-und-geschlechterverhaeltnisse/#footnote-target-2

72 https://www.bpb.de/themen/migration-integration/kurzdossiers/283411/klimawandel-migration-und-geschlechterverhaeltnisse/

73 Heinrich-Böll-Stiftung (2009). Trifft der Klimawandel Frauen härter als Männer? Abgerufen von https://www.boell.de/de/2009/10/05/trifft-der-klimawandel-frauen-haerter-als-maenner

74 https://www.deutschlandfunk.de/klimawandel-gesundheit-hitzetod-klimaangst-100.html
75 https://statistik.arbeitsagentur.de/DE/Statischer-Content/Statistiken/Themen-im-Fokus/Berufe/Generische-Publikationen/Altenpflege.pdf?__blob=publicationFile
76 Statistisches Bundesamt (2020). Gestiegenes Interesse an Pflegeberufen: 71 300 Menschen haben 2019 eine Ausbildung begonnen. Abgerufen von https://www.destatis.de/DE/Presse/Pressemitteilungen/2020/10/PD20_N070_212.html
77 Mora, C., McKenzie, T., Gaw, I.M. et al. (2022). Over half of known human pathogenic diseases can be aggravated by climate change. Nat. Clim. Chang. 12, 869–875. https://doi.org/10.1038/s41558-022-01426-1
78 https://www.tagesschau.de/wissen/gesundheit/klimawandel-gesundheit-104.html
79 https://www.nzz.ch/wissenschaft/klimawandel-erhoeht-die-uebertragung-neuer-viren-zwischen-tieren-ld.1681447, https://www.dw.com/de/krank-klimawandel-infektionen-massive-bedrohung-weltweite-gesundheitskrise-tigerm%C3%BCcke/a-62753419
80 Deutschlandfunk (2021). Frauen und Finanzen: Corona macht die Lücke größer. Abgerufen von https://www.deutschlandfunk.de/frauen-und-finanzen-corona-macht-dieluecke-groesser-100.html
81 European Parliament (2015). The Gender Dimension of Climate Justice. Abgerufen von https://www.europarl.europa.eu/RegData/etudes/IDAN/2015/536478/IPOL_IDA(2015)536478_EN.pdf
82 EIGE (2012). Review of the Implementation in the EU of area K of the Beijing Platform for Action: Women and the Environment Gender Equality and Climate Change.
83 Deutschlandfunk (2019). Sozialforscher: Zwei Drittel der Demonstranten sind weiblich. Abgerufen von https://www.deutschlandfunk.de/studie-zu-fridays-for-future-protesten-sozialforscher-zwei-100.html
84 https://www.youtube.com/watch?v=94Uod8g1SfA, https://www.instagram.com/louisadellert/?hl=de
85 https://de.wikipedia.org/wiki/Vanessa_Nakate
86 Fridays for Future (2020). Klimagerechtigkeit im globalen Kontext. Abgerufen von https://fridaysforfuture.de/zeit-fuer-klima

gerechtigkeitkeingradweiter-teil-ii-klimagerechtigkeit-im-globalen-kontext/
87 European Parliament (2015). The Gender Dimension of Climate Justice. Abgerufen von https://www.europarl.europa.eu/RegData/etudes/IDAN/2015/536478/IPOL_IDA(2015)536478_EN.pdf
88 https://de.wikipedia.org/wiki/Recht_auf_Zugang_zu_sauberem_Wasser, https://www.bpb.de/themen/recht-justiz/dossier-menschenrechte/38745/zur-begruendung-eines-menschenrechts-auf-wasser/
89 https://www.institut-fuer-menschenrechte.de/themen/wirtschaftliche-soziale-und-kulturelle-rechte/recht-auf-bildung, https://www.humanrights.ch/de/ipf/grundlagen/rechtsquellen-instrumente/aemr/
90 BMZ (o.J.). Klimagerechtigkeit. Abgerufen von https://www.bmz.de/de/service/lexikon/klimagerechtigkeit125076
91 https://www.bpb.de/themen/klimawandel/dossier-klimawandel/515255/klimagerechtigkeit/
92 https://www.spiegel.de/wissenschaft/cop27-in-aegypten-was-von-der-weltklimakonferenz-zu-erwarten-ist-a-3e8e3eed-244a-457f-9fc9-7c84e36f11f4
93 Umweltbundesamt (2022). Ergebnisse der 27. Weltklimakonferenz. Abgerufen von https://www.umweltbundesamt.de/themen/ergebnisse-der-27-weltklimakonferenz
94 https://www.bundesregierung.de/breg-de/suche/bundeskanzlerin-angela-merkel-2005-2021-2045938
95 Bundesverfassungsgericht (2021). Verfassungsbeschwerden gegen das Klimaschutzgesetz teilweise erfolgreich. Abgerufen von https://www.bundesverfassungsgericht.de/SharedDocs/Presse mitteilungen/DE/2021/bvg21-031.html, https://www.germanwatch.org/de/verfassungsbeschwerde
96 https://taz.de/Juristische-Lage-beim-Klimaschutz/!5898660/
97 UNFCC (1994). RAHMENÜBEREINKOMMEN DER VEREINTEN NATIONEN ÜBER KLIMAÄNDERUNGEN. Artikel 3. Abgerufen von https://unfccc.int/resource/docs/convkp/convger.pdf
98 Lustgarten, A. (2022). Klimaflüchtlinge. In Das Klima-Buch von Greta Thunberg (Hrsg.), S. 178–183.
99 United Nations Office for the Coordination of Humanitarian Affairs, the International Federation of Red Cross and Red Crescent

Societies, and the Red Cross Red Crescent Climate Centre. (2022). Extreme Heat. Preparing for the Heatwaves. Abgerufen von https://reliefweb.int/attachments/1b9e280d-d877-4022-97bb-c10e2b0ffab6/OCHA_IFRC_extreme_heat_report_2022.pdf

100 https://www.sueddeutsche.de/wissen/klimawandel-ueberschwemmungen-starkregen-urbanisierung-bevoelkerungswachstum-china-vietnam-1.6282879

101 https://www.praxis-agrar.de/umwelt/klima/wie-das-klima-die-landwirtschaft-veraendert

102 Bundeszentrale für politische Bildung (2019). Zur Prognose des Umfangs klimabedingter Migrationen. Abgerufen von https://www.bpb.de/themen/migration-integration/kurzdossiers/286829/zur-prognose-des-umfangs-klimabedingter-migrationen/

103 UNO steht für *United Nations Organization* und drückt aus, dass es sich um eine Organisation der Vereinten Nationen handelt. Die Vereinten Nationen sind ein Zusammenschluss von 193 Staaten.

104 UNO Flüchtlingshilfe (2021). So hängen Klimawandel und Flucht zusammen. Abgerufen von https://www.uno-fluechtlingshilfe.de/informieren/aktuelles/blog/artikel/so-haengen-klimakrise-und-flucht-zusammen

105 https://www.unhcr.org/dach/de/services/faq/faq-genfer-fluechtlingskonvention

106 https://www.unhcr.org/dach/wp-content/uploads/sites/27/2017/03/GFK_Pocket_2015_RZ_final_ansicht.pdf

107 UNO Flüchtlingshilfe (o.J.). Klimawandel als Fluchtursache. Abgerufen von https://www.uno-fluechtlingshilfe.de/informieren/fluchtursachen/klimawandel

108 Deutsche Welle (2020). Bundesregierung: Kein Asyl für »Klimaflüchtlinge«. Abgerufen von https://www.dw.com/de/klimaflüchtlinge-gibt-es-nicht-diebundesregierung-sieht-kein-asylrecht-für-migranten/a-52111701

109 Lustgarten, A. (2022). Klimaflüchtlinge. In Das Klima-Buch von Greta Thunberg (Hrsg.), S. 178–183.

110 Albano Rikani et al (2023). More people too poor to move: divergent effects of climate change on global migration patterns. In Environ. Res. Lett. 18 024006. Abgerufen von https://iopscience.iop.org/article/10.1088/1748-9326/aca6fe/pdf

111 https://overshoot.footprintnetwork.org/

112 New Economics Foundation ist der Name des Thinktanks, in dem Andrew Sims gearbeitet hat. Thinktank steht übersetzt für »Denkfabrik« und meint eine Gruppe von Expert*innen, die gemeinsam Strategien zu unterschiedlichen Themen erarbeiten. Ihr Ziel ist es in der Regel, die öffentliche Meinung zu einem Thema zu beeinflussen.
113 https://overshoot.footprintnetwork.org/about-earth-overshoot-day/
114 https://www.footprintnetwork.org/about-us/
115 https://www.footprintnetwork.org/resources/data/
116 https://data.footprintnetwork.org/#/countryTrends?type=BCpc,EFCpc&cn=79
117 Global Footprint Network (o.J.). Open Data. Abgerufen von https://data.footprintnetwork.org/?_ga=2.2560752.111258664.1697011900-363737149.1697011827#/countryTrends?cn=5001&type=BCtot,EFCtot
118 Global Footprint Network (o.J.). Our Past & Our Future. Abgerufen von https://www.footprintnetwork.org/about-us/our-history/
119 https://www.footprintnetwork.org/about-us/our-history/
120 https://data.footprintnetwork.org/#/abouttheData
121 Unnerstall, T. (2021). Faktencheck Nachhaltigkeit, S. 155 ff.
122 https://www.umweltbundesamt.de/sites/default/files/medien/publikation/long/3486.pdf
123 Bundeszentrale für politische Bildung (2017). Ökologischer Fußabdruck und Biokapazität. Abgerufen von https://www.bpb.de/kurz-knapp/zahlen-und-fakten/globalisierung/255298/oekologischer-fussabdruck-und-biokapazitaet/
124 Unnerstall, T. (2021). Faktencheck Nachhaltigkeit, S. 155 ff.
125 https://www.footprintnetwork.org/
126 https://plana.earth/academy/earth-overshoot-day-2022
127 https://overshoot.footprintnetwork.org/
128 https://www.footprintnetwork.org/licenses/public-data-package-free/
129 Global Footprint Network (o.J.). Data and Methodology. Abgerufen von https://www.footprintnetwork.org/resources/data/
130 Overshootday.org (o.J.). Country Overshoot Days. Abgerufen von https://www.overshootday.org/newsroom/country-overshoot-days/
131 https://www.overshootday.org/newsroom/country-overshoot-days/

132 https://www.footprintnetwork.org/licenses/public-data-package-free/

133 Overshootday.org (o. J.). How many earths? How many countries? Abgerufen von https://www.overshootday.org/how-many-earths-or-countries-do-we-need/

134 https://www.overshootday.org/how-many-earths-or-countries-do-we-need/

135 https://clubofrome.de/historie/

136 Meadows, D. et al. (1972). Grenzen des Wachstums. Bericht des Club of Rome zur Lage der Menschheit. DVA Stuttgart.

137 https://clubofrome.de/historie/

138 https://de.wikipedia.org/wiki/Donella_Meadows

139 https://clubofrome.de/historie/

140 https://www.wwf.de/themen-projekte/club-of-rome (Rohstoffen statt Ressourcen), https://www.bpb.de/shop/zeitschriften/apuz/politische-bildung-2022/515537/konzepte-politischer-nachhaltigkeitsbildung/#footnote-target-8 (Ressourcen)

141 Pufé, I. (2017). Nachhaltigkeit, 3. Auflage, S. 38 ff.

142 WECD (1987). Our Common Future. Abgerufen von https://sustainabledevelopment.un.org/content/documents/5987our-common-future.pdf

143 https://leanbase.de/lexicon/club-of-rome-und-brundtland-kommission

144 https://www.nachhaltigkeit.info/artikel/weltgipfel_rio_de_janeiro_1992_539.htm

145 https://www.bmz.de/de/service/lexikon/un-konferenz-fuer-umwelt-und-entwicklung-rio-konferenz-1992-22238

146 UN (1992). Deklaration von Rio über Umwelt und Entwicklung. Abgerufen von https://www.un.org/depts/german/conf/agenda21/rio.pdf

147 https://www.nachhaltigkeit.info/artikel/weltgipfel_rio_de_janeiro_1992_539.htm

148 https://www.nachhaltigkeit.info/artikel/weltgipfel_rio_de_janeiro_1992_539.htm

149 Pufé, I. (2017). Nachhaltigkeit, 3. Auflage, S. 47 f.

150 https://www.bpb.de/kurz-knapp/lexika/das-junge-politik-lexikon/320673/konvention/, https://www.duden.de/rechtschreibung/Deklaration

151 https://www.bmz.de/de/service/lexikon#lexicon=13996
152 Vereinte Nationen (1992). Agenda 21. Abgerufen von https://www.un.org/Depts/german/conf/agenda21/agenda_21.pdf
153 Vereinte Nationen (1997). Das Protokoll von Kyoto. Abgerufen von http://unfccc.int/resource/docs/convkp/kpger.pdf
154 https://www.un.org/en/climatechange/cop27
155 Umweltbundesamt (2013). Das Kyoto-Protokoll. Abgerufen von https://www.umweltbundesamt.de/themen/klima-energie/internationale-eu-klimapolitik/kyoto-protokoll#flexible-mechanismen-des-kyoto-protokolls
156 https://www.bundesregierung.de/statisch/klimakonferenz/Webs/Breg/un-klimakonferenz/DE/Kyoto-Protokoll/kyoto-protokoll.html
157 https://european-union.europa.eu/principles-countries-history/history-eu/1990-99_de
158 https://www.bundesregierung.de/statisch/klimakonferenz/Webs/Breg/un-klimakonferenz/DE/Kyoto-Protokoll/kyoto-protokoll.html
159 https://www.bundesregierung.de/breg-de/schwerpunkte/klimaschutz/klimakonferenzen-rueckblick-1965144
160 BMZ (o.J.). Clean Development Mechanism. Abgerufen von https://www.bmz.de/de/service/lexikon/clean-development-mechanism-cdm-14182
161 https://www.bundesregierung.de/statisch/klimakonferenz/nn_930082/Webs/Breg/un-klimakonferenz/Content/StatischeSeiten/das-kyoto-protokoll_page-1.html
162 Süddeutsche Zeitung (2012). Klimakonferenz verlängert Kyoto-Protokoll bis 2020. Abgerufen von https://www.sueddeutsche.de/wissen/welt-klimagipfel-in-doha-klimakonferenz-verlaengert-kyoto-protokoll-bis-2020-1.1545374
163 https://www.bpb.de/kurz-knapp/hintergrund-aktuell/151316/klimakonferenz-endet-mit-kompromiss/
164 https://www.umweltbundesamt.de/themen/klima-energie/internationale-eu-klimapolitik/kyoto-protokoll
165 https://de.statista.com/statistik/daten/studie/1273207/umfrage/pro-kopf-co2-emissionen-in-deutschland-den-usa-und-china/
166 BMWK (o.J.). Abkommen von Paris. Abgerufen von https://www.bmwk.de/Redaktion/DE/Artikel/Industrie/klimaschutz-abkommen-von-paris.html

167 https://treaties.un.org/Pages/ViewDetails.aspx?src=-TREATY&mtdsg_no=XXVII-7-d&chapter=27&clang=_en
168 https://www.bundesverfassungsgericht.de/SharedDocs/Entscheidungen/DE/2021/03/rs20210324_1bvr265618.html
169 https://www.climatepartner.com/de/wissen/glossar/pariser-abkommen
170 https://www.unep.org/resources/emissions-gap-report-2022
171 UNEP (2022). Emissions Gap Report 2022. Abgerufen von https://www.unep.org/resources/emissions-gap-report-2022
172 Europäische Kommission (o.J.). Europäischer Grüner Deal. Abgerufen von https://commission.europa.eu/strategy-and-policy/priorities-2019-2024/european-green-deal_de
173 https://ec.europa.eu/commission/presscorner/detail/en/ip_19_6691
174 https://www.myclimate.org/de-de/informieren/faq/faq-detail/was-bedeutet-netto-null-emissionen/
175 https://www.swr.de/wissen/klimawandel-co2-aus-der-luft-holen-mit-neuen-technologien-100.html
176 Europäische Kommission (o.J.). Umsetzung des europäischen Grünen Deals. Abgerufen von https://commission.europa.eu/strategy-and-policy/priorities-2019-2024/european-green-deal/delivering-european-green-deal_de
177 Stiftung Allianz für Entwicklung und Klima (o.J.). Klimakonferenz COP26. Abgerufen von https://allianz-entwicklung-klima.de/meldungen/klimakonferenz-cop26ergebnisse/
178 Bundeszentrale für politische Bildung (2022). Ergebnisse der COP27 in Ägypten. Abgerufen von https://www.bpb.de/kurz-knapp/hintergrund-aktuell/515638/ergebnisseder-cop27-in-aegypten/
179 https://www.bpb.de/kurz-knapp/hintergrund-aktuell/515638/ergebnisse-der-cop27-in-aegypten/

Teil 2: Die Wirtschaft als Hebel

1 https://www.hanisauland.de/wissen/lexikon/grosses-lexikon/k/kapitalismus.html
2 Ich verzichte hier bewusst auf das Gendern, da die Unternehmer dieser Zeit in der Regel Männer waren.
3 Geolino (o.J.). Der Kapitalismus. Abgerufen von https://www.geo.de/geolino/wissen/18873-rtkl-weltanschauung-im-schnellcheck-der-kapitalismus

4 Bundeszentrale für politische Bildung (o.J.). Arbeit im kapitalismus. Abgerufen von https://www.bpb.de/shop/zeitschriften/apuz/211041/arbeitim-kapitalismus/

5 https://blogs.worldbank.org/opendata/september-2023-global-poverty-update-world-bank-new-data-poverty-during-pandemic-asia

6 https://www.worldbank.org/en/news/factsheet/2022/05/02/fact-sheet-an-adjustment-to-global-poverty-lines#9, https://pip.worldbank.org/home, https://www.globalcitizen.org/de/content/extreme-poverty-definition-statistics-rate/

7 https://de.statista.com/themen/75/weltbevoelkerung/#topicOverview, https://pip.worldbank.org/home

8 https://blogs.worldbank.org/opendata/poverty-back-pre-covid-levels-globally-not-low-income-countries

9 Oxfam (o.J.). Soziale Ungleichheit. Abgerufen von https://www.oxfam.de/unsere-arbeit/themen/soziale-ungleichheit

10 Der Begriff »imperiale Lebensweise« geht auf das gleichnamige Buch von Ulrich Brand und Markus Wissen aus dem Jahr 2017 zurück.

11 I.L.A. Kollektiv (2019). Auf Kosten Anderer? Wie die imperiale Lebensweise ein gutes Leben für alle verhindert. Oekom, München, S. 6.

12 https://www.bpb.de/shop/zeitschriften/apuz/146977/neokoloniale-weltordnung-brueche-und-kontinuitaeten-seit-der-dekolonisation/, https://wirtschaftslexikon.gabler.de/definition/neokolonialismus-39344, https://www.bwl-lexikon.de/wiki/neokolonialismus/, https://www.wissen.de/lexikon/neokolonialismus, https://de.wikipedia.org/wiki/Neokolonialismus

13 https://www.bzfe.de/nachhaltiger-konsum/grundlagen/true-cost-wahre-kosten/

14 WWF (2022). Gold – alles andere als glänzend für die Umwelt. Abgerufen von https://www.wwf.de/themen-projekte/waelder/mining/gold-mining

15 https://www.goethe.de/ins/ru/de/kul/sup/rbc/tra/22328375.html

16 Hoeder, C.-S. (2020). Was bedeutet Grüner Kolonialismus? RosaMag. Abgerufen von https://rosa-mag.de/was-bedeutet-gruner-kolonialismus/

17 https://rosa-mag.de/autorin-ciani-sophia-hoeder/

18 FAZ (2018). Der Preis der E-Mobilität. Abgerufen von https://www.faz.net/aktuell/wissen/forschung-politik/kostbare-rohstoffe-fuer-batterien-die-e-mobilitaet-koennte-ein-teures-unterfangen-werden-15502495.html

19 Deutschlandfunk (2019). Die Kehrseite der Energiewende. Abgerufen von https://www.deutschlandfunk.de/lithium-abbau-in-suedamerika-kehrseite-der-energiewende-100.html

20 https://www.kinderweltreise.de/kontinente/afrika/kongo-demokratische-republik/daten-fakten/geschichte-politik/geschichte-ii/

21 Spiegel (2019). Hier sterben Menschen für unsere Akkus. Abgerufen von https://www.spiegel.de/wissenschaft/mensch/kobalt-aus-dem-kongo-hier-sterben-menschen-fuer-unsere-e-autos-a-1291533.html

22 Bundesanstalt für Geowissenschaften und Rohstoffe (2019). Analyse des artisanalen Kupfer-Kobalt-Sektors in den Provinzen Haut-Katanga und Lualaba in der Demokratischen Republik Kongo. Abgerufen von https://www.bgr.bund.de/DE/Themen/Min_rohstoffe/Downloads/studie_BGR_kupfer_kobalt_kongo_2019.html

23 https://de.wikipedia.org/wiki/Konferenz_der_Vereinten_Nationen_%C3%BCber_nachhaltige_Entwicklung

24 BMBF (o.J.). Green Economy: Gesellschaftlicher Wandel. Abgerufen von https://www.bmbf.de/bmbf/de/forschung/energiewende-und-nachhaltigeswirtschaften/green-economy/green-economy_node.html

25 https://www.researchgate.net/publication/332500379_Is_Green_Growth_Possible/link/5dee151b299bf10bc34c7c04/download?_tp=eyJjb250ZXh0Ijp7ImZpcnN0UGFnZSI6InB1YmxpY2F0aW9uIiwicGFnZSI6InB1YmxpY2F0aW9uIn19

26 CIR (2022). Wandelmut. Wie wir eine sozial-ökologische Wirtschaft gestalten. Broschüre.

27 Ein Beispiel-Szenario: Autos werden immer effizienter und die Menschen brauchen dadurch weniger Benzin. Wegen der geringeren Nachfrage sinkt der Preis für Benzin. Dadurch sinken auch die Preise anderer Waren, die energieintensiv produziert werden. Sie können dann billiger angeboten und vermehrt konsumiert werden. Der Konsum verschiebt sich dadurch und im schlimmsten Fall kann es passieren, dass die Emissionen trotz Effizienzsteigerungen nicht sinken.

28 Konzeptwerk Neue Ökonomie (o.J.). Degrowth/Postwachstum. Abgerufen von https://konzeptwerk-neue-oekonomie.org/themen/degrowth/
29 https://germany.ecogood.org/
30 https://www.misereor.de/informieren/fairer-handel/wahre-kosten
31 https://www.globaleslernen.de/de/fokusthemen/niko-paech-grundzuege-einer-postwachstumsoekonomie-artikel
32 https://european-union.europa.eu/principles-countries-history/key-facts-and-figures/economy_de
33 https://www.bpb.de/kurz-knapp/lexika/lexikon-der-wirtschaft/18944/bruttoinlandsprodukt/
34 https://european-union.europa.eu/principles-countries-history/key-facts-and-figures/life-eu_de, https://www.gtai.de/de/trade/irland/wirtschaftsumfeld/konzerne-verzerren-irisches-brutto inlandsprodukt-867692
35 https://www.boeckler.de/de/podcasts-22421-Alternativen-zum-BIP-Bruttoinlandsprodukt-Messung-von-Wohlstand.htm
36 https://www.wiwi.uni-siegen.de/dekanat/kontakt/paech/
37 https://de.wikipedia.org/wiki/Niko_Paech
38 Paech, N. (2009). Grundzüge einer Postwachstumsökonomie. Abgerufen von http://www.postwachstumsoekonomie.de/material/grundzuege/
39 https://taz.de/Neue-Unternehmensform-gefordert/!5938837/, https://www.google.com/url?sa=t&rct=j&q=&esrc=s&source=web &cd=&cad=rja&uact=8&ved=2ahUKEwjtg-6Wj7WDAxWUgvo HHQ_IBmcQFnoECBIQAQ&url=https%3A%2F%2Fwww.oeko logisches-wirtschaften.de%2Findex.php%2Foew%2Farticle%2F download%2F1238%2F1231&usg=AOvVaw3aBSk_wezlfSDhknc LHAuQ&opi=89978449
40 Gemeinwohl-Ökonomie Deutschland (o.J.). Gemeinwohl. Abgerufen von https://germany.ecogood.org/vision/gemeinwohl/
41 Gemeinwohl-Ökonomie Deutschland (o.J.). Gemeinwohl-Matrix 5.0. Abgerufen von https://germany.ecogood.org/tools/gemeinwohl-matrix/
42 https://germany.ecogood.org/umsetzung/unternehmen/
43 https://pressemitteilungen.sueddeutsche.de/sonnentor-krauterhandelsgesellschaft-mbh-5645238

44 https://web.ecogood.org/de/unsere-arbeit/gemeinwohl-bilanz/gemeinwohl-matrix/
45 https://germany.ecogood.org/mission-geschichte/, https://www.piper.de/buecher/gemeinwohl-oekonomie-isbn-978-3-492-31236-3
46 Felber, C. (2018). Gemeinwohl-Ökonomie, S. 189 ff.
47 https://silo.tips/download/die-gemeinwohl-konomie-von-christian-felber-ein-erfahrungsbericht
48 Konventionell bzw. herkömmlich wird in diesem Fall als Gegensatz zur biologischen Landwirtschaft verstanden.
49 https://www.careelite.de/externalisierung-von-umweltkosten/
50 https://www.hanisauland.de/wissen/lexikon/grosses-lexikon/w/wertschoepfung.html
51 Boston Consulting Group (2019). Die Zukunft der deutschen Landwirtschaft nachhaltig sichern. Abgerufen von https://web-assets.bcg.com/7a/17/971c6d0e4fcb8067d406b8a9bb4a/die-zukunft-der-deutschen-landwirtschaft-sichern.pdf
52 Hamdan, J. (2019). Externe Kosten der Landwirtschaft. Foodwatch. Abgerufen von https://www.foodwatch.org/fileadmin/-DE/Themen/Klima_und_Landwirtschaft/2019-09-18_Studie_Externe_Effekte_Landwirtschaft.pdf
53 Misereor (2022). Positionspapier Wahre Kosten. Abgerufen von https://www.misereor.de/fileadmin/publikationen/MISEREOR-positionspapier-wahrekosten-2022.pdf
54 https://www.misereor.de/informieren/fairer-handel/wahre-kosten
55 https://tca2f.org/de/initiative/
56 True Cost, TMG & soil and more impacts (2022). TRUE COST ACCOUNTING AGRIFOOD HANDBOOK. Abgerufen von https://tca2f.org/wp-content/uploads/2022/03/TCA_Agrifood_Handbook.pdf
57 https://wirtschaftslexikon.gabler.de/definition/rechnungslegung-46164, https://www.sage.com/de-de/blog/lexikon/rechnungslegung/
58 Misereor (2022). Positionspapier Wahre Kosten. Abgerufen von https://www.misereor.de/fileadmin/publikationen/MISEREOR-positionspapier-wahrekosten-2022.pdf
59 https://www.bundesregierung.de/resource/blob/974430/1990812/93bd8d9b17717c351633635f9d7fba09/2021-12-10-koav2021-data.pdf?download=1
60 Bundesregierung.de (2021): Koalitionsvertrag, S. 170.

61 https://www.value-balancing.com/_Resources/Persistent/4/0/5/e/405e0733beef6207672e79e90bc166035d03f112/20210511_VBA_1stPILOT%20STUDY.pdf

62 https://www.value-balancing.com/_Resources/Persistent/4/0/5/e/405e0733beef6207672e79e90bc166035d03f112/20210511_VBA_1stPILOT%20STUDY.pdf

63 https://www.fr.de/wirtschaft/gastwirtschaft/keine-frage-der-balance-91573294.html, https://www.nabu.de/imperia/md/content/nabude/sustainablefinance/220519_vba-kritik_nabu_wwf.pdf

64 WWF, Germanwatch & NABU (2022). Kritik am »nachhaltigen« Rechnungslegungswerkzeug der Unternehmensinitiative VBA. Abgerufen von https://www.wwf.de/fileadmin/fm-wwf/Publikationen-PDF/Unternehmen/Analyse-und-Kritik-der-Value-Balancing-Alliance.pdf

Teil 3: Lasst uns handeln!

1 https://www.gesetze-im-internet.de/gg/art_17.html

2 https://epetitionen.bundestag.de/epet/petuebersicht/mz.nc.html, https://epetitionen.bundestag.de/epet/service.$$$.rubrik.oeffentlichePetition.html, https://www.bundestag.de/ausschuesse/a02_Petitionsausschuss/verfahrensgrundsaetze-867806

3 https://www.fr.de/rhein-main/hessen-petitionen-schlusslicht-11005141.html

4 https://www.campact.de/

5 https://www.change.org/de

6 https://www.br.de/nachrichten/netzwelt/faktenfuchs-wie-online-petitionen-im-infokrieg-benutzt-werden,TNMCUgx

7 Klett Verlag (o.J.). Online-Petitionen: Echte Einflussnahme oder Mogelpackung? Abgerufen von https://www.klett.de/inhalt/media_fast_path/145/epetition_arbeitsblatt_kopiervorlage.pdf

8 BR (2020). Das bringt die Senkung der Mehrwertsteuer auf Periodenprodukte. Abgerufen von https://www.br.de/puls/themen/leben/periode-binden-tampons-mehrwertsteuer-100.html

9 https://www.youtube.com/watch?v=Y4MnpzG5Sqc, https://archive.nytimes.com/thelede.blogs.nytimes.com/2012/03/09/how-the-kony-video-went-viral/?mcubz=0

10 Bundeszentrale für politische Bildung (2017). Klicktivismus: Reichweitenstark, aber unreflektiert? Abgerufen von https://www.bpb.

de/lernen/digitale-bildung/werkstatt/258645/klicktivismus-reichweitenstark-aber-unreflektiert/

11 https://invisiblechildren.com/who-we-are-today/

12 Grundgesetz der Bundesrepublik Deutschland. Artikel 8, Absatz 1.

13 Bundesministerium des Inneren (o.J.). Versammlungsrecht. Abgerufen von https://www.bmi.bund.de/DE/themen/verfassung/staatliche-ordnung/versammlungsrecht/versammlungsrecht-node.html

14 Fridays for Future (2019). Der größte Klimastreik der Geschichte – und das war erst der Anfang! Abgerufen von https://fridaysforfuture.de/ruckblick-allefuersklima1/

15 https://www.daserste.de/information/talk/maischberger/faktencheck/faktencheck-maischberger-388.html

16 https://www.zdf.de/gesellschaft/markus-lanz/markus-lanz-vom-19-dezember-2023-100.html

17 https://www.zdf.de/politik/maybrit-illner/carla-reemtsma-fridays-for-future-aus-sendung-vom-28-maerz-2019-100.html

18 https://fridaysforfuture.de/klimastreik/profilbildgenerator/

19 https://www.bpb.de/kurz-knapp/lexika/politiklexikon/17913/non-governmental-organization-ngo/

20 https://www.greenpeace.de/ueber-uns/organisation/greenpeace-deutschland/greenpeace-fragen-antworten

21 Greenpeace (o.J.). Greenpeace stellt sich vor. Abgerufen von https://www.greenpeace.de/ueber-uns

22 https://www.wwf.de/themen-projekte/landwirtschaft/produkte-aus-der-landwirtschaft/runde-tische/runder-tisch-palmoel

23 WWF (o.J.). Über uns. Abgerufen von https://www.wwf.de/ueber-uns

24 https://www.bpb.de/kurz-knapp/hintergrund-aktuell/524253/20-august-2018-beginn-der-klimaproteste-fridays-for-future/, https://www.spiegel.de/ausland/schweden-greta-thunberg-protestiert-wieder-vor-parlament-a-eb68396b-969a-4d23-bc29-cc3420239446

25 https://www.for-future-buendnis.de/

26 Fridays for Future (o.J.). Start. Abgerufen von https://fridaysforfuture.de

27 Extinction Rebellion (o.J.). Wer wir sind. Abgerufen von https://extinctionrebellion.de/wer-wir-sind/

28 https://letztegeneration.org/, https://www.ndr.de/nachrichten/niedersachsen/Letzte-Generation-Wer-sind-die-Klimakleber-Was-wollen-sie,letztegeneration422.html
29 NABU (o.J.). Wir über uns. Abgerufen von https://www.nabu.de/wir-ueber-uns/index.html
30 https://www.duh.de/klimaklagen/, https://www.gesetze-im-internet.de/ksg/BJNR251310019.html
31 Deutsche Umwelthilfe (o.J.). Über uns. Abgerufen von https://www.duh.de/ueberuns/
32 Robin Wood (o.J.). Wer wir sind. Abgerufen von https://www.robinwood.de/wer-wir-sind
33 BUND (o.J.). Über uns. Abgerufen von https://www.bund.net/ueber-uns/
34 https://www.merkur.de/politik/parteimitgliedschaft-spd-cdu-fdp-gruene-linke-inflation-gebuehr-parteibuch-zr-92113638.html, https://www.nachhaltigejobs.de/politisch-engagieren/m
35 https://de.wikipedia.org/wiki/Liste_von_Jugendorganisationen_in_Deutschland
36 https://www.deutschland.de/de/topic/politik/deutschland-politik-engagement-jugend
37 https://www.deutschland.de/de/topic/politik/deutschland-politik-engagement-jugend
38 https://katapult-magazin.de/de/artikel/wie-alt-sind-mitglieder-der-parteien
39 https://www.bpb.de/themen/wahl-o-mat/bundestagswahl-2021/
40 https://de.statista.com/statistik/daten/studie/1092293/umfrage/berufliche-weiterbildung-von-erwerbspersonen-in-deutschland-nach-wirtschaftsbereichen/
41 Statistisches Bundesamt (2022). Höchste bisher gemessene Teilnahmequote an beruflicher Weiterbildung im Jahr 2020. Abgerufen von https://www.destatis.de/DE/Presse/Pressemitteilungen/2022/12/PD22_505_215.html
42 https://www.jobverde.de/karriereinfo/Good-Jobs-mit-Sinn
43 https://www.vahlen.de/burkhardt-sauberschwarz-lanzer-good-job_/product/22325668
44 https://www.vaude.com/de/de/blog/post/%E2%80%9CDeutscher%20Nachhaltigkeitspreis%202024%E2%80%9D:%20VAUDE%20gewinnt%20in%20zwei%20Kategorien.html

45 https://www.rfh-koeln.de/studium/studiengaenge/wirtschaft-recht/bachelor-nachhaltigkeitsmanagement/index_ger.html
46 https://www.jobverde.de/magazin/news-tipps/10-nachhaltige-arbeitgeber-die-du-kennen-solltest
47 https://www.leuphana.de/graduate-school/masterstudiengaenge/sustainability-science-entrepreneurship-agency-and-leadership.html
48 https://www.juliettebeke-gesundehaare.de/
49 https://www.juliettebeke-gesundehaare.de/team
50 https://www.oekotest.de/kosmetik-wellness/Repair-Shampoo-im-Test-Allergieausloesende-Stoffe-entdeckt_12639_1.html
51 Juliette Beke (2022). Interview im *Grünstreifen*. Ausgestrahlt bei Deutschlandfunk Nova am 08. 07. 2022.
52 Kuntergruen.de (o.J.). Warum Zero Waste + die 5 R's. Abgerufen von https://www.kuntergruen.com/warum-zero-waste-die-5-rs/
53 https://www.juliettebeke-gesundehaare.de/naturfriseur
54 https://de.statista.com/statistik/daten/studie/1275275/umfrage/treibhausgasbilanz-pro-person/
55 https://www.bund.net/fileadmin/user_upload_bund/publikationen/umweltgifte/Umweltgifte-Broschuere-Pestizidalternativen-Ansicht.pdf
56 Heinrich-Böll-Stiftung (2022). Pestizide: Schwere Folgen für die Gesundheit. Abgerufen von https://www.boell.de/de/2022/01/12/pestizide-schwere-folgen-fuer-die-gesundheit
57 Heinrich-Böll-Stiftung (2022). Pestizide in Lebensmitteln: Drauf und dran. Abgerufen von https://www.boell.de/de/2022/01/12/pestizide-lebensmitteln-pestizidrueckstaende-drauf-und-dran
58 Umweltbundesamt (2021). Umweltrisiken durch Pestizid-Cocktails werden unterschätzt. Abgerufen von https://www.umweltbundesamt.de/themen/umweltrisiken-durch-pestizid-cocktails-werden
59 Quarks (2022). Ist bio immer besser? Abgerufen von https://www.quarks.de/umwelt/landwirtschaft/oekologische-vs-konventionelle-landwirtschaft-ist-bio-immer-besser/
60 Quarks (2020). Darum ist das Insektensterben ein echtes Problem. Abgerufen von https://www.quarks.de/umwelt/tierwelt/darum-ist-das-insektensterben-ein-echtes-problem/
61 https://erlebnisgaertnerei.com/oekologische-landwirtschaft-vs-konventionelle-landwirtschaft/

62 Deutschlandfunk Nova (2020). Bio-Spritzmittel sind nicht immer harmlos. Abgerufen von https://www.deutschlandfunknova.de/beitrag/oekolandwirtschaft-biospritzmittel-sind-nicht-immer-harmlos
63 https://www.deutschlandfunknova.de/beitrag/oekolandwirtschaft-biospritzmittel-sind-nicht-immer-harmlos
64 Ökolandbau.de (o.J.). Vorbeugende Maßnahmen des ökologischen Pflanzenschutzes. Abgerufen von https://www.oekolandbau.de/landwirtschaft/pflanze/grundlagen-pflanzenbau/pflanzenschutz/vorbeugende-massnahmen/
65 Fliessbach, A., Mäder, P. & Pfiffner, L. (2000). Erkenntnisse aus 21 Jahren DOK-Versuch: Bio fördert Boden und Artenvielfalt. Abgerufen von https://www.researchgate.net/publication/28678942
66 Umweltbundesamt (2020). Die Treibhausgase. Abgerufen von https://www.umweltbundesamt.de/themen/klima-energie/klimaschutz-energiepolitik-in-deutschland/treibhausgas-emissionen/die-treibhausgase
67 https://www.ews-schoenau.de/energiewende-magazin/zur-sache/lachgas-duenger-fuer-die-erderwaermung/
68 Sanders J, Heß J (eds) (2019). Leistungen des ökologischen Landbaus für Umwelt und Gesellschaft. 2. überarbeitete und ergänzte Auflage. Braunschweig: Johann Heinrich von Thünen-Institut, 398 p, Thünen Rep 65, DOI:10.3220/REP1576488624000
69 FiBL (2019). DOK-Versuch zeigt: Biolandbau mindert Klimawandel. Abgerufen von https://www.fibl.org/de/infothek/meldung/dok-versuch-zeigt-biolandbau-mindert-klimawandel
70 Lindenthal, T., Markut, T., Hörtenhuber, S., Rudolph, G. & Hanz, K. (2010). Klimabilanz biologischer und konventioneller Lebensmittel im Vergleich. In »Ökologie und Landbau«, Jan/Feb 2010. Abgerufen von https://www.fibl.org/fileadmin/documents/de/oesterreich/arbeitsschwerpunkte/Klima/Klimabilanz_bio_konv_Vergleich_0912.pdf
71 Sanders J., Heß, J. (eds.) (2019). Leistungen des ökologischen Landbaus für Umwelt und Gesellschaft. 2. überarbeitete und ergänzte Auflage. Braunschweig: Johann Heinrich von Thünen-Institut, 398 p, Thünen Rep 65, DOI:10.3220/REP1576488624000
72 https://www.thuenen.de/de/themenfelder/oekologischer-landbau/besonderheiten-der-tierhaltung-im-oekolandbau

73 https://www.aktiontier.org/artikel/ringelschwanz-kupierung-bei-schweinen
74 Naturland (2021). Naturland Öko und EU Bio im direkten Vergleich. Abgerufen von https://www.naturland.de/images/01_naturland/documents/RiLi_Vergleich_Naturland-EU_deu.pdf
75 https://www.bmel.de/DE/themen/landwirtschaft/oekologischer-landbau/eu-bio-logo.html
76 © EU
77 Logo: © Demeter e.V.; © Bioland; © Naturland e.V.; © Biopark; © Biokreis
78 https://www.bund.net/massentierhaltung/haltungskennzeichnung/bio-siegel/
79 https://www.residenzverlag.com/buch/alle-satt, https://www.fibl.org/de/50-jahre/stimmen-zum-jubilaeum/urs-niggli
80 Niggli, U. (2021). Alle satt? Ernährung sichern für 10 Milliarden Menschen. Wien: Residenz.
81 BMEL (o.J.). Lebensmittelabfälle in Deutschland: Aktuelle Zahlen zur Höhe der Lebensmittelabfälle nach Sektoren. Abgerufen von https://www.bmel.de/DE/themen/ernaehrung/lebensmittelverschwendung/studie-lebensmittelabfaelle-deutschland.html
82 BMEL (o.J.). Lebensmittelabfälle in privaten Haushalten unter die Lupe genommen. Abgerufen von https://www.bmel.de/DE/themen/ernaehrung/lebensmittelverschwendung/gfk-studie.html
83 https://www.bmel.de/DE/themen/ernaehrung/lebensmittelverschwendung/reste-app.html
84 Hirsch, V. (2023). Deine Küche kann nachhaltig. München: BLV.
85 https://foodsharing.de/fuer-unternehmen
86 https://foodsharing.de
87 https://www.verbraucherzentrale.de/wissen/lebensmittel/auswaehlen-zubereiten-aufbewahren/mindesthaltbarkeitsdatum-mhd-ist-nicht-gleich-verbrauchsdatum-13452
88 BVL (o.J.). Mindesthaltbarkeitsdatum/Verbrauchsdatum/Haltbarkeitsdatum. Abgerufen von https://www.bvl.bund.de/DE/Arbeitsbereiche/01_Lebensmittel/03_Verbraucher/17_FAQ/FAQ_MHD/FAQ_MHD_node.html
89 https://www.toogoodtogo.com/de/business#faq
90 Too Good To Go (2022). Impact Report 2021. Abgerufen von https://

tgtg-mkt-cms-prod.s3.eu-west-1.amazonaws.com/30207/Too-GoodTo-Go---Impact-Report-2021---more-than-a-food-app.pdf

91 Sirplus (o.J.). Mission. Abgerufen von https://sirplus.de/pages/mission

92 https://www.motatos.de/?utm_content=brandedsearch&gad_source=1&gclid=CjwKCAiA4smsBhAEEiwAO6DEjToWkr-PHYzbbmyP59veQpmgX7_ODpKdG3dQIXwCIxb8GOgfq3fxZBoCW-EQAvD_BwE

93 https://www.imangebot.com/news/news/article-category-blog-2.html

94 Topagrar online (2018). Fleischproduktion verbraucht weniger Getreide als bisher angenommen. Abgerufen von https://www.topagrar.com/management-und-politik/news/fleischproduktion-verbraucht-weniger-getreide-als-bisher-angenommen-9547980.html

95 Peta (o.J.). Warum vegan? Für die Tiere, die Umwelt und die Gesundheit. Abgerufen von https://www.peta.de/veganleben/warumvegan/

96 BLE (2021). Wie viel Fleisch essen die Deutschen pro Jahr? Abgerufen von https://www.ble.de/SharedDocs/Pressemitteilungen/DE/2021/210322_Fleisch.html

97 Verbraucherzentrale (2022). Wie viel Fleisch ist das richtige Maß? Abgerufen von https://www.verbraucherzentrale.de/wissen/lebensmittel/lebensmittelproduktion/wie-viel-fleisch-ist-das-richtige-mass-5535

98 https://eatforum.org/content/uploads/2019/01/EAT-Lancet_Commission_Summary_Report.pdf

99 Foodwatch (2021). Planetary Health Diet – Der Speiseplan zur Weltrettung? Abgerufen von https://www.foodwatch.org/de/frage-des-monats/2021/planetary-healthdiet-der-speiseplan-zur-weltrettung/

100 https://www.topagrar.com/management-und-politik/news/fleischproduktion-verbraucht-weniger-getreide-als-bisher-angenommen-9547980.html

101 Niggli, U. (2021). Alle satt? Ernährung sichern für 10 Milliarden Menschen. Wien: Residenz Verlag.

102 https://www.residenzverlag.com/buch/alle-satt, https://shop.falter.at/detail/9783701734191/alle-satt

103 https://www.cirs-reach.com/Cosmetic_Inventory/International_Nomenclature_of_Cosmetic_Ingredients_INCI.html

104 https://naehrstoffkosmetik.com/inci-liste

105 https://www.codecheck.info/news/7-Fakten-um-Deine-Kosmetik-besser-zu-verstehen-360335

106 https://www.bund.net/themen/chemie/toxfox/

107 Umweltbundesamt (2020). Was ist Mikroplastik? Abgerufen von https://www.umweltbundesamt.de/service/uba-fragen/was-ist-mikroplastik

108 https://www.ndr.de/ratgeber/verbraucher/Mikroplastik-in-Kosmetik-Gefahr-fuer-die-Umwelt,plastik236.html

109 BUND (o.J.). Mikroplastik – kleine Gifttransporter aus dem Abflussrohr. Abgerufen von https://www.bund.net/meere/mikroplastik/hintergrund/

110 https://www.nabu.de/umwelt-und-ressourcen/oekologisch-leben/alltagsprodukte/27701.html

111 Schubert, N. (2017). Noch besser Leben ohne Plastik, S. 24. Oekom Verlag, München.

112 Bertling, J., Hamann, L. & Hiebel, M. (2018). Mikroplastik und synthetische Polymere in Kosmetikprodukten sowie Wasch-, Putz- und Reinigungsmitteln. Abgerufen von https://www.nabu.de/imperia/md/content/nabude/konsumressourcenmuell/181012_mikroplastikstudie.pdf

113 https://www.verbraucherzentrale.nrw/wissen/projekt-schadstoffberatung/schadstoffberatung-kleidung-schuhe-accessoires/outdoorkleidung-ohne-mikroplastik-und-schadstoffe-65841

114 https://www.spiegel.de/wissenschaft/natur/studie-auch-die-arktis-ist-mit-mikroplastik-belastet-a-45a4e538-6eb6-4445-ad44-110e67188d71

115 Spiegel.de (2022). Mikroplastik erstmals in menschlichem Blut nachgewiesen. Abgerufen von https://www.spiegel.de/wissenschaft/mensch/mikroplastik-erstmals-in-menschlichem-blut-nachgewiesen-a-d34b4354-88e3-4216-9d51-d3d56fad3ade

116 https://www.nationalgeographic.de/umwelt/2022/05/pazifischer-muellstrudel-je-mehr-abfall-desto-mehr-leben, https://www.nationalgeographic.de/planet-or-plastic/2018/09/woraus-besteht-der-grosse-pazifikmuellfleck-wirklich, https://globalmagazin.eu/themen/wissenschaft/plastikstrudel-im-pazifik-groesser-als-

vermutet/, https://www.umweltbundesamt.de/daten/flaeche-boden-land-oekosysteme/flaeche/struktur-der-flaechennutzung

117 ProWidlife (o.J.). Die Plastikflut – Folge unseres Konsums. Abgerufen von https://www.prowildlife.de/themen/schutz-von-lebensraum/vermuellung/

118 https://www.klibo.de/gehaeuse-pc-k3500

119 https://www.rct-online.de/magazin/polycarbonat-einsatz/m https://www.man-druckt.de/plastikkartendruck/material/polycarbonat/, https://www.ws-onlineshop.de/doppelstegplatten/doppelstegplatten-gewachshaus/

120 https://www.verbraucherzentrale.de/wissen/umwelt-haushalt/wohnen/so-gefaehrlich-ist-plastik-fuer-die-gesundheit-7010

121 Bunk, A., & Schubert, N. (2016). Besser leben ohne Plastik, S. 15 ff. Oekom Verlag, München.

122 BUND (o.J.). ACHTUNG PLASTIK! Chemikalien in Plastik gefährden Umwelt und Gesundheit. Abgerufen von https://www.bund.net/fileadmin/user_upload_bund/publikationen/chemie/chemie_achtung_plastik_broschuere.pdf

123 NDR (2020). Gefährliche Weichmacher: Plastik im Alltag vermeiden. Abgerufen von https://www.ndr.de/ratgeber/gesundheit/Gefaehrliche-Weichmacher-Plastik-im-Alltag-vermeiden,weichmacher136.html

124 https://www.nabu.de/umwelt-und-ressourcen/oekologisch-leben/alltagsprodukte/27701.html, https://www.verbraucherzentrale-hessen.de/plastiksparen/so-erkennst-du-kunststoffe-in-kosmetik-53440

125 https://www.beatthemicrobead.org/

126 Orthmann, A. (2023). Hör auf Anni. Ohne Murks durchs erste Lebensjahr, S. 56 f. mindfulbooks, Lünen.

127 https://www.chemie.de/lexikon/Paraffin.html

128 https://ec.europa.eu/health/scientific_committees/opinions_layman/perfume-allergies/de/index.htm

129 Eine Liste findest du zum Beispiel auf der Website des Bundesinstituts für Arzneimittel und Medizinprodukte: https://www.bfarm.de/SharedDocs/Downloads/DE/Arzneimittel/Zulassung/amInformationen/Besonderheitenliste/Duftstoffe_Anhang.pdf?__blob=publicationFile

130 https://share.eu/pages/magazine/feste-duschen-nachhaltigkeit

131 https://www.ibp.fraunhofer.de/de/kompetenzen/ganzheitliche-bilanzierung/methoden-ganzheitliche-bilanzierung/oekobilanzierung.html

132 https://www.test.de/Shampoos-im-Test-1859216-1859950/

133 https://heylilahey.com/de/deutsch-less-waste-zero-waste-makeup-naturkosmetik/, https://www.avocadostore.de/wellness-und-pflege/kosmetik/make-up-lippenstift, https://shop.original-unverpackt.de/products/einzelner-fabelstift-dekorative-naturkosmetik-schminkstift

134 https://www.kosmetikfuchs.de/magazin/zertifizierte-natur kosmetik-bio-kosmetik/

135 https://utopia.de/ratgeber/naturkosmetik-siegel/

136 Logos: © Ecocert; © Natrue; © Cosmos-Standard; © BDIH

137 https://utopia.de/ratgeber/naturkosmetik-siegel/

138 https://www.ecocert.com/de-DE/zertifizierung-detail/natur-und-bio-kosmetik-cosmos

139 https://utopia.de/ratgeber/naturkosmetik-siegel/

140 https://www.oekotest.de/kosmetik-wellness/Farbstoff-Karmin-Gibt-es-veganen-Ersatz-fuer-den-Farbstoff-aus-Laeusen_12628_1.html, https://www.peta.de/veganleben/karmin/

141 Europäisches Parlament (2022). Umweltauswirkungen von Textilproduktion und -abfällen. Abgerufen von https://www.europarl.europa.eu/news/de/headlines/society/20201208STO93327/umweltauswirkungen-von-textilproduktion-und-abfallen-infografik

142 https://www.europarl.europa.eu/news/de/headlines/society/20201208STO93327/umweltauswirkungen-von-textilproduktion-und-abfallen-infografik

143 https://de.wikipedia.org/wiki/Kleidung_im_Mittelalter

144 https://www.hanisauland.de/wissen/lexikon/grosses-lexikon/g/globalisierung.html

145 https://www.wissen.de/real-time-fashion-mode-im-sekundentakt

146 https://greenpeace.at/news/mehr-shein-als-sein/

147 https://www.wissen.de/real-time-fashion-mode-im-sekundentakt, https://greenpeace.at/news/mehr-shein-als-sein/, https://www.trigema.de/magazin/real-time-fashion/

148 Buzzfeed.de (2022). Massenhaft geklaute Designe? SHEIN hat dutzende Klagen am Hals. Abgerufen von https://www.buzzfeed.

de/news/shein-klagen-designs-kopienklau-urheberrecht-verletzung-geistiges-eigentum-markenrechte-91651258.html

149 Europäisches Parlament (2022). Umweltauswirkungen von Textilproduktion und -abfällen. Abgerufen von https://www.europarl.europa.eu/news/de/headlines/society/20201208STO93327/umweltauswirkungen-von-textilproduktion-und-abfallen-infografik

150 Greenpeace (2015). Wegwerfware Kleidung. Abgerufen von https://www.greenpeace.de/publikationen/20151123_greenpeace_modekonsum_flyer.pdf

151 https://www.bfr.bund.de/cm/343/2_sitzung_des_ausschusses_textilien_und_leder_der_bfr_kommission_bedarfsgegenstaende.pdf, https://www.lederzentrum.de/wiki/index.php/%C3%84schern, https://www.leder-info.de/index.php/%C3%84scher

152 Quarks (2019). So schmutzig ist die Herstellung von Leder. Abgerufen von https://www.quarks.de/umwelt/so-schmutzig-ist-die-herstellung-von-leder/

153 Kampagne für Saubere Kleidung (2017). Kurzfilm zeigt, dass Gebiete rund um Gerbereien in Indien verseucht sind. Abgerufen von https://saubere-kleidung.de/2017/12/leder-gerbereien-kanpur-indien/

154 https://www.suedwind.at/fileadmin/user_upload/suedwind/50_Handeln/Hf1W-PDFs_Pics/SW_gerberei-folder_final.pdf

155 https://www.leder-info.de/index.php/Chromgerbung

156 Verbraucherzentrale NRW (2022). Leder mit Chrom VI: Wie gefährlich ist das? Abgerufen von https://www.verbraucherzentrale.nrw/schadstoffe/kleidung/leder-mit-chrome-iv-wie-gefaehrlich-ist-das-43302

157 https://publik.verdi.de/ausgabe-2016-03/viel-stoff-wenig-lohn/, https://humanecology.ch/media/dokumente/buch-carson/carson-erg-seither.pdf

158 https://www.spiegel.de/wirtschaft/unternehmen/zehn-jahre-rana-plaza-einsturz-in-bangladesch-greenpeace-meldet-weiter-probleme-in-der-textilindustrie-a-b75b1902-c39e-47be-8c94-49bee398d1df, https://www.bpb.de/kurz-knapp/hintergrund-aktuell/268127/vor-fuenf-jahren-textilfabrik-rana-plaza-in-bangladesch-eingestuerzt/

159 Tagesschau (2022). Rana-Plaza-Unglück: Endloses Warten auf Gerechtigkeit. Abgerufen von https://www.tagesschau.de/wirtschaft/weltwirtschaft/rana-plaza-prozess-101.html

160 Da in der Textilindustrie überwiegend Frauen arbeiten, wird an dieser Stelle auf das Gendern verzichtet.

161 https://www.fairlyfab.com/de-DE/magazin/arbeitsbedingungen-textilindustrie

162 Kampagne für Saubere Kleidung (o.J.). Wie unfair ist das denn? Abgerufen von https://saubere-kleidung.de/wp-content/uploads/2017/09/2017-09-28-Wie-unfair-ist-das-denn.pdf

163 Kampagne für Saubere Kleidung (o.J.). Mode & Menschenrechte. Ein Einstieg ins Thema. Abgerufen von https://saubere-kleidung.de/mode-menschenrechte/

164 Romero Initiative (2019). Dossier: Fast Fashion – Eine Bilanz in drei Teilen. Abgerufen von https://www.ci-romero.de/produkt/dossier-fast-fashion/

165 Bündnis für nachhaltige Textilien (o.J.). Löhne und Sozialleistungen. Abgerufen von https://www.textilbuendnis.com/themen/sektorrisiken/loehne-sozialleistungen/

166 ILO (2007). Die ILO auf einen Blick. Abgerufen von https://www.ilo.org/wcmsp5/groups/public/---dgreports/--dcomm/---webdev/documents/publication/wcms_090711.pdf

167 Kampagne für Saubere Kleidung (o.J.). Lohn zum Leben. Abgerufen von https://saubere-kleidung.de/lohn-zum-leben/

168 https://de.wikipedia.org/wiki/Textilsiegel

169 https://www.oeko-planet.com/magazin/die-wichtigsten-textilsiegel

170 Logo: © Global Standard gGmbH

171 https://global-standard.org/images/resource-library/documents/standard-and-manual/Implementation_Manual_7.0_First_Revision_Draft.pdf

172 Global-standard.org (o.J.). Ecological and social criteria. Abgerufen von https://global-standard.org/de/der-standard/schluesselkriterien/oekologische-und-soziale-kriterien

173 Logo: © IVN/naturtextil.de

174 Naturtextil.de (o.J.). Naturtextil IVN zertifiziert Best. Abgerufen von https://naturtextil.de/wp-content/uploads/2018/10/IVN_BEST_Version_6-1_2018.pdf

175 Logo: © bluesign

176 Labelchecker.de (o.J.). Bluesign product. Abgerufen von https://labelchecker.de/label/68-bluesign-product/

177 Logo: © CRADLE TO CRADLE NGO

178 Glore.de (o.J.). Cradle to Cradle. Abgerufen von https://www.glore.de/Zertifizierungen/Cradle-To-Cradle/
179 Logo: © OEKO-TEX®
180 Oeko-Tex.com (o.J.). Oeko-Tex Standard 100. Abgerufen von https://www.oeko-tex.com/de/unsere-standards/oeko-tex-standard-100
181 Logo: © OEKO-TEX®
182 Oeko-Tex.com (o.J.). Oeko-Tex Made in Green. Abgerufen von https://www.oeko-tex.com/de/unsere-standards/oeko-tex-made-in-green
183 Logo: © TransFair e.V.
184 Fairtrade-deutschland.de (o.J.). Fairtrade Textilstandard und Textilprogramm. Abgerufen von https://www.fairtrade-deutschland.de/produkte/textilien/hintergrund-fairtrade-textilien/fairtrade-textilstandard-und-textilprogramm
185 Logo: © BMZ
186 https://gruener-knopf.de/faqs
187 Gruener-knopf.de (o.J.). Kriterien. Abgerufen von https://www.gruener-knopf.de/kriterien?gclid=Cj0KCQjw4bipBhCyARIsAFsieCyuCGJ31JlJD_euFZRIgB4BiQ2Nod3hn4LwZuHLUUVbCeviyX94UVgaArYCEALw_wcB
188 https://www.umweltbundesamt.de/sites/default/files/medien/479/publikationen/texte_149-2020_treibhausgas-emissionen_im_deutschland-tourismus.pdf
189 https://www.oekom.de/_files_media/titel/leseproben/9783962382834.pdf
190 Blesin, J.-M. (2021). Green Travelling. Einfach nachhaltig reisen, S. 9. München, Oekom.
191 Handelsblatt (2022). Wo die Deutschen am liebsten Urlaub machen. Abgerufen von https://www.handelsblatt.com/arts_und_style/lifestyle/urlaubsziele-2022-wo-die-deutschen-am-liebsten-urlaub-machen/24597070.html
192 Blesin, J.-M. (2021). Green Travelling. Einfach nachhaltig reisen. Urlaubsziele & Planung von A bis Z. München, Oekom.
193 https://ecobnb.de/blog/faq/
194 Umweltbundesamt (2021). Vergleich der durchschnittlichen Emissionen einzelner Verkehrsmittel im Personenverkehr in Deutschland 2021. Abgerufen von https://www.umweltbundesamt.de/bild/vergleich-der-durchschnittlichen-emissionen-0

195 Touristik Aktuell (2022). Studie: Bahnreisen beliebter als vor Corona. Abgerufen von https://www.touristik-aktuell.de/nachrichten/verkehr/news/datum/2022/05/10/studie-bahnreisen-beliebter-als-vor-der-corona-krise/

196 https://www.bahn.de/service/zug/bordgastronomie

197 https://www.visitnorway.de/reiseplanung/mobilitat-vor-ort/zug/nordlandsbahn/

198 https://indiereisen.de/transsib-und-alternativen/

199 ZDF (2022). So unpünktlich war die Bahn noch nie. Abgerufen von https://www.zdf.de/nachrichten/wirtschaft/puenktlichkeitbahn-2022-100.html

200 https://www.bahn.de/angebot/bahncard?dbkanal_001=L01_S01_D001_KSE0001_MVQ_10034_0121_FV_SPAR_Super-Sparpreis-always-on_GSE2_Sitelink-BC-Vergleich_LZ01&gclid=CjoKCQiAhc-sBhCEARIsAOVwHuT-FjMYGbyvzqQ-rAQuOKFXhV2MggT9bANcpogM_PL8pHPFSA1dUXoaAq1xEALw_wcB&et_uk=24447dd1c2934f279ce25df6bdc65c1d

201 https://www.bahn.de/angebot/sparpreis-flexpreis/super-sparpreis

202 https://www.interrail.eu/en/interrail-passes/global-pass

203 https://www.atmosfair.de/de/klimaschutzprojekte/solarenergie/tansania-solarelektrisches-kochen-fuer-schulen/

204 https://wald.lauftext.de/welt-der-pflanzen/photosynthese/auch-die-nadeln-sind-blatter.html

205 Umweltbundesamt (2018). Freiwillige CO_2-Kompensation durch Klimaschutzprojekte. Abgerufen von https://www.umweltbundesamt.de/sites/default/files/medien/376/publikationen/ratgeber_freiwillige_co2_kompensation_final_internet.pdf

206 Umweltbundesamt (2022). IPCC-Bericht: Sofortige globale Trendwende nötig. Abgerufen von https://www.umweltbundesamt.de/themen/ipcc-bericht-sofortige-globale-trendwende-noetig

207 Spiegel (2019). »Wäre der Klimawandel ein Terrorist, hätten wir ihn schon längst bekämpft«. Abgerufen von https://www.spiegel.de/wissenschaft/mensch/klimawandel-wie-ueberzeugt-man-andere-von-der-notwendigkeit-zu-handeln-a-1287084.html

208 https://www.zdf.de/dokumentation/terra-x/hoimar-von-ditfurth-querschnitt-1978-ueber-co2-und-klimawandel-100.html

209 https://www.tagesschau.de/ausland/europa/who-tabakkonsum-rueckgang-101.html, https://de.statista.com/statistik/daten/

studie/1167493/umfrage/praevalenz-von-tabakkonsum-weltweit-nach-geschlecht/, https://de.statista.com/statistik/daten/studie/596628/umfrage/anzahl-raucher-in-deutschland/

210 Howe, P., Mildenberger, M., Marlon, J.R., and Leiserowitz, A. (o.J.). »Geographic variation in opinions on climate change at state and local scales in the USA«. *Nature Climate Change*. DOI: 10.1038/nclimate2583

211 SZ Magazin (2021). »Wissenschaftliche Fakten überzeugen die Leute nicht«. Abgerufen von https://sz-magazin.sueddeutsche.de/die-loesung-fuer-alles/science-moms-klimakrise-klimawandel-hayhoe-90151

212 https://www.deutschlandfunkkultur.de/gefaehrliche-klimamythen-100.html

213 https://www.deutschlandfunkkultur.de/gefaehrliche-klimamythen-100.html

214 Tagesschau (2019). 86 Prozent sagen, der Mensch sei schuld. Abgerufen von https://www.tagesschau.de/inland/deutschlandtrend/deutschlandtrend-1645.html

215 Correctiv.org. (2020). Das Heartland Institute: Wie US-Klimaleugner in Europa Politik machen. Abgerufen von https://correctiv.org/aktuelles/2020/02/04/das-heartland-institute-wie-us-klimaleugner-politik-in-europa-machen/

216 Quarks (2018). Darum ist es so schwer, Gewohnheiten abzulegen. Abgerufen von https://www.quarks.de/gesellschaft/psychologie/darum-ist-es-so-schwer-gewohnheiten-abzulegen/

217 Deutschlandfunk (2021). Allein gegen den Klimawandel? Abgerufen von https://www.deutschlandfunkkultur.de/klimapsychologie-allein-gegen-den-klimawandel-102.html

218 https://www.quarks.de/gesellschaft/darum-muessen-wir-ueber-klimaangst-sprechen/

219 Schomburg, A. & Schomburg, F. (2022). Klimaangst. Wenn die Klimakrise auf die Psyche schlägt. München, Komplett-Media.

220 https://www.ardaudiothek.de/episode/wissen-aktuell-swr2-impuls/angst-panik-oder-apathie-so-reagieren-jugendliche-auf-die-klimakrise/swr2/94564256/

221 Schomburg, A. & Schomburg, F. (2022). Klimaangst. Wenn die Klimakrise auf die Psyche schlägt. München, Komplett-Media.

222 Deutschlandfunk (2021). Allein gegen den Klimawandel? Abgerufen

von https://www.deutschlandfunkkultur.de/klimapsychologie-allein-gegen-den-klimawandel-102.html

223 https://www.cowspiracy.com/infographic

224 https://www.bpb.de/mediathek/video/187448/plastic-planet/

225 https://www.wernerboote.com/TheGreenLie/, https://www.amazon.de/Die-gr%C3%BCne-L%C3%BCge-Weltrettung-Gesch%C3%A4ftsmodell/dp/3896676091

DAS GEHT UNS ALLE AN! KLIMA- UND UMWELTSCHUTZ

Anja Reumschüssel
CARLSEN KLARTEXT:
KLIMA- UND UMWELTSCHUTZ
Taschenbuch
240 Seiten
ISBN 978-3-551-31895-4
Auch als E-Book erhältlich

HIER KOMMT EIN BUCH, DAS ANTWORTEN GIBT! Was hat grenzenloses Wachstum mit Insektensterben zu tun? Warum haben so viele technische Geräte ein eingebautes Verfallsdatum? Welche Lösungsmöglichkeiten für den Klimawandel gibt es – in Wirtschaft und Politik und für jeden einzelnen?

WWW.CARLSEN.DE

SOCIAL MEDIA: WER STECKT EIGENTLICH DAHINTER – UND WARUM?

Isabell Prophet
CARLSEN KLARTEXT: SOCIAL MEDIA
Taschenbuch
224 Seiten
ISBN 978-3-551-32143-5
Auch als E-Book erhältlich

WELCHE UNTERNEHMEN STECKEN EIGENTLICH HINTER INSTAGRAM, TIKTOK UND CO? Wie wirkt Social Media sich auf unsere Psyche aus? Kann man sich gegen Cybermobbing schützen? Und wird man als Influencer*in reich? Isabell Prophet erklärt anschaulich und auf Augenhöhe, welche Mechanismen Social Media prägen und geht der Frage nach, wie wir uns selbstbestimmt und sicher im Netz bewegen können.